英語構文を探求する

開拓社
言語・文化選書
23

英語構文を探求する

大庭幸男 著

開拓社

まえがき

　本書では，英語の構文について考察する。取り扱う構文は中間構文，結果構文，二重目的語構文，そして小節構文である。中間構文の一部には，学校文法の5文型で言えば，第1文型（主語＋動詞）にあたるものがあり，結果構文の一部には同5文型の第3文型（主語＋動詞＋目的語）にあたるものがある。また，二重目的語構文は，周知の如く，第4文型（主語＋動詞＋間接目的語＋直接目的語）であり，小節構文の一部には第5文型（主語＋動詞＋目的語＋補語）にあたるものがある。このように，本書で考察する構文は英語の5文型と深く関わりのあるものである。

　学校文法の5文型は，英語の文を理解するのに有益なものであることは否めない。しかし，英語の文の中には構文としてまとめられ，それぞれに共通した意味的な特徴や統語的（構造的）な特徴をもっているものが多数ある。したがって，高等学校や大学の英語教育において，英語の5文型のみならず各種構文を教えるならば，英文解釈だけでなく和文英訳にも役立つことは言うまでもない。

　本書の内容を概説すると，以下のようになる。第1章では中間構文について考察する。まず，中間構文に生じる中間動詞の統語的な特徴を，能格動詞と比較しながら検討する。また，中間構文は総称文と言われるが，総称的であるのは動詞の表す行為よりも動作主であることを具体的な例を示しながら指摘する。次に，中間構文の動作主について議論する。この構文には「含意された動作主」が語彙的に存在すると言われるが，中間構文と他の構文の統語的な特徴を比較することによって，中間構文の動作主は語

彙的にというよりむしろ，統語的に存在することを示す。さらに，この考えに適合する中間構文の構造を提示し，この構造の妥当性は中間構文に生起する副詞の生起制限によって支持されることを指摘する。

　第2章では，結果構文について考察する。まず，他動詞を伴う典型的な結果構文を取り扱い，この構文のテンプレートを示す。次に，通常とは異なる目的語をとる他動詞や非能格動詞を伴う非典型的な結果構文を取り扱い，これらの動詞を伴う結果構文はこのテンプレートに合せて目的語と結果述語をとった場合に成立することを示す。さらに，他動詞を伴う結果構文と非能格動詞を伴う結果構文の統語的な類似性と相違性について考察する。また，同じ動詞が結果述語として形容詞句をとった場合と前置詞句をとった場合とでは，どのような意味の違いが見られるかについて，British National Corpus を用いて語彙の使用頻度数や具体的な例をあげながら考察する。最後に，他動詞を伴う結果構文と非能格動詞を伴う結果構文の構造について議論する。

　第3章では，前半と後半においてそれぞれ有生物主語を伴う二重目的語構文と無生物主語を伴う二重目的語構文について考察する。まず，前半の有生物主語を伴う二重目的語構文では，to 与格構文に交替可能な動詞，for 与格構文に交替可能な動詞，そしてそれらの動詞を伴う二重目的語構文の具体例を示す。次に，意味的な観点から，間接目的語と直接目的語の間に所有関係が成立することについて論じる。また，統語的な観点から，二つの目的語の構造的な位置関係やその構造，間接目的語の取り出しの不可能性，受動態の可否，情報構造等について議論する。次に，後半の無生物主語を伴う二重目的語構文では，この構文に生起する動詞の種類やその動詞を含む具体的な例を示す。また，無生物主語を伴う二重目的語構文の意味的な特徴や統語的な特徴（たとえ

ば，与格構文との交替の可能性や後方束縛現象）についても議論する。

第4章では，小節構文について考察する。まず，主節動詞と小節の述語の間の統語範疇に関わる選択制限と意味に関する制限について考える。また，小節構文の統語的な特徴については，小節の主語の中にある要素の取り出し可能性，小節の中に含まれている照応詞の生起可能性，そして小節の主語に生じる数量詞句の作用域等に関して考察する。次に，小節構文の構造については，主節動詞と小節の述語の間の統語範疇に関する選択制限と意味的制限を適切に説明する Larson (1988a) の分析を考察する。最後に，同じ動詞でありながら，埋め込み節に that 節，不定詞節，小節が生じる場合，どのような意味の違いがあるかについて考察する。

本書は，大阪大学での講義内容，他大学で行った集中講義の内容，それに学会・研究会等で発表した内容等に基づいている。できるだけ分かりやすく説明するように努めたが，特に，結果構文と二重目的語構文の構造にあっては，多少専門的な説明になったのではないかと危惧している。しかし，これらの構文の意味的な説明だけに留めるよりも，構造を考えると，これらの構文がより一層分かりやすくなることもあり，敢えて構造についても説明した。

また，本書で引用した例文については，著者，刊行年，そして頁数をあげてその出典を明示するように努めた。本書を読み，これらの構文に興味をもたれた読者諸氏はこの情報を手掛かりにさらに研究をしていただければと念ずるしだいである。

本書の執筆にあたり，Paul Harvey 氏，ジェリー横田氏，Bryant Wang 氏，そして Derek Gulas 氏にはインフォーマントとして大変お世話になった。また，学会や研究会における聴衆の方々，大阪大学の大学院学生諸君，そして同僚の岡田禎之氏，吉

本真由美氏に貴重な質問やコメントをいただいた。また，本学大学院学生で現在ワシントン大学に留学中の香本直子さんにも大変お世話になった。これらの方々に記して感謝の意を表したい。

　最後に，開拓社の川田賢氏には，本書を執筆する機会を与えてくださり，原稿のチェックや出版に関わるさまざまなことでいろいろとご配慮いただいた。改めて厚くお礼を申し上げたい。

　2011 年 2 月 10 日

　　　　　　　　　　　　　　　　　　　　　　　　大庭　幸男

目　　次

まえがき　*v*

第 1 章　中間構文 ………………………………………… *1*
1. はじめに　*2*
2. 中間動詞の特徴　*8*
3. 中間構文の意味的な特徴　*12*
4. 中間構文の含意された動作主　*14*
   4.1. 統語的な動作主と語彙的な動作主　*14*
   4.2. 統語的な動作主と語彙的な動作主の違いについて　*17*
5. 中間構文と出来事性について　*27*
6. 中間構文の構造　*29*
7. 中間構文に生じる副詞　*32*
8. 結び　*35*

第 2 章　結果構文 ………………………………………… *37*
1. はじめに　*38*
2. 典型的な結果構文　*40*
3. 非典型的な結果構文　*56*
   3.1. 他動詞の場合　*57*
   3.2. 非能格動詞の場合　*58*
   3.3. 結果構文のテンプレート　*60*
4. その他の特徴　*63*
   4.1. 典型的な結果構文と非典型的な結果構文の統語的な類似点　*63*
   4.2. 典型的な結果構文と非典型的な結果構文の統語的な相違点　*67*

4.3.　まとめ　*71*
5.　結果述語としての形容詞句と前置詞句の意味の違い　*72*
6.　結果構文の構造　*80*
　　6.1.　結果構文の先行研究　*80*
　　6.2.　結果構文の構造　*81*
　　6.3.　結果構文の派生構造　*88*
　　6.4.　まとめ　*97*
7.　結び　*98*

第3章　二重目的語構文 ……………………………… 99
1.　はじめに　*100*
2.　動詞の種類　*104*
　　2.1.　与格交替を許す動詞　*104*
　　2.2.　与格交替を示さない動詞　*113*
　　　　2.2.1.　二重目的語構文のみを許す動詞　*113*
　　　　2.2.2.　与格構文のみを許す動詞　*114*
3.　二重目的語構文の意味的特徴について　*115*
4.　二重目的語構文の統語的な特徴　*120*
　　4.1.　間接目的語と直接目的語の構造的な位置　*120*
　　4.2.　二重目的語構文の構造　*127*
5.　その他の特徴　*130*
　　5.1.　間接目的語からの要素の取り出し　*130*
　　5.2.　受動態について　*136*
　　5.3.　情報構造について　*140*
　　5.4.　二重目的語構文の間接目的語の取り出しと受動態の再考　*145*
6.　無生物主語を伴う二重目的語構文　*148*
7.　無生物主語を伴う二重目的語構文の意味的な特徴　*153*
　　7.1.　英語の無生物主語を伴う二重目的語構文　*153*
　　7.2.　日本語の無生物主語を伴う二重目的語構文　*158*
8.　to/for 与格構文への交替について　*161*
9.　無生物主語を伴う二重目的語構文の目的語間の統御関係　*164*

    9.1. 非対称的な C 統御関係　*164*
    9.2. 後方束縛現象　*167*
  10. 結び　*170*

第 4 章　小節構文 ……………………………………… *173*
  1. はじめに　*174*
  2. 小節の主語について　*177*
  3. 小節構文の統語範疇に関する選択制限と意味的制限　*179*
  4. 小節構文の統語的な特徴　*192*
    4.1. 束縛現象　*192*
    4.2. 小節の主語からの要素の取り出しについて　*196*
    4.3. 小節の中の一致現象　*198*
    4.4. 数量詞句の作用域について　*200*
    4.5. 等位構造の可能性　*202*
  5. 小節の構造　*204*
    5.1. 先行研究　*204*
    5.2. 小節の構造　*205*
  6. 小節の意味的な特徴　*207*
  7. 結び　*211*

あとがき ……………………………………………… *213*

参考文献 ……………………………………………… *215*

索　　引 ……………………………………………… *223*

第 1 章

中間構文

1. はじめに

周知のように，動詞は自動詞 (intransitive verb) と他動詞 (transitive verb) に分類することができる。その違いは，一般に，自動詞が (1) のように目的語を伴わないのに対して，他動詞は (2) のように目的語を伴うことにある。

(1) a. Birds fly. （鳥がとぶ）
  b. John talks. （ジョンが話す）
(2) a. I like apples.
   （私はリンゴが好きです）
  b. John designs houses.
   （ジョンは家のデザインをします）

(1) のような自動詞は非能格動詞 (unergative verb) と呼ばれ，主語には動作を行う人や物などが生じる。この事実を捉えるために，生成文法では，非能格動詞は語彙的に「動作主」(Agent) という主題役割 (thematic role) をもち，それを主語に付与すると仮定している。したがって，主語に行為を行わないもの（たとえば，石，家など）が生じた場合，それに動作主を付与することができないので，その文は非文法的になる。

(3) a. *The rock walks.
  b. *The house runs.

ところで，自動詞には非能格動詞のほかに 2 種類の自動詞がある。その一つは，次のような例の動詞である。

(4) a. The door opened.
   （そのドアが開いた）

b.　The clothes hang.
　　　　(その服が掛かっている)

(4)の動詞の特徴は,他動詞形をもっていることである。

　(5) a.　John opened the door.
　　　　(ジョンはそのドアを開けた)
　　b.　He hanged the clothes.
　　　　(彼はその服を掛けた)

　(5)の他動詞は語彙的に動作主と「主題」(Theme)という主題役割をもち,これらはそれぞれ主語と目的語に付与される。したがって,主語は動作主という主題役割を,また,目的語は主題という主題役割をもつ。その結果,(5a, b)のJohnとheは「開ける」「掛ける」という行為の動作主となり,目的語のthe doorとthe clothesはその行為の主題となる。

　(4)の動詞は,(5)の他動詞の自動詞形である。その主語には,(5)の目的語と同じものが生じている。したがって,(4)の主語はこの動詞の表す行為の主題という主題役割を担っている。

　つまり,(1)の主語は動作主であり,(4)の主語は主題である。したがって,(1)と(4)に生起する動詞は異なった種類に属する。そこで,(4)の動詞は(1)の非能格動詞と区別して,能格動詞(ergative verb)あるいは非対格動詞(unaccusative verb)と呼ばれている。中間構文の研究では,能格動詞という用語がもっぱら使用されているので,本章でもこの用語を用いることにする。

　もう一つの自動詞は,次のような例の動詞である。

　(6) a.　Bureaucrats bribe easily.
　　　　(官僚たちは簡単に買収される)
　　b.　The floor waxes easily.

　　　　（その床は簡単にワックスがかけられる）

　この種の動詞も，(4) の能格動詞と同様に，他動詞形をもっている。

   (7) a.　Someone bribed the bureaucrats.
　　　　　（誰かがその官僚たちを買収した）
　　　b.　They waxed the floor.
　　　　　（彼らはその床にワックスをかけた）

　このように，(6) の動詞が他動詞文に用いられることは，(4) の能格動詞と同じである。しかし，能格動詞の主語は主題であるが，(6) の動詞の主語は主題というよりも，動詞の行為に影響を受ける「被動者」(Patient) であると考えられる。なぜなら，(4) は「ドアが開く」や「服が掛かっている」という意味を表すのに対して，(6) は「官僚たちは簡単に買収される」「その床は簡単にワックスがかけられる」というように，受動態の意味をもつからである。すなわち，(6) の主語は動詞の表す行為に何らかの影響を受けている。その証拠として，(6) が次のような受動態に書き換えられることがあげられる。

   (8) a.　Bureaucrats can be bribed easily.
　　　　　（官僚たちは簡単に買収される）
　　　b.　The floor can be waxed easily.
　　　　　（その床は簡単にワックスがかけられる）

　したがって，(6) の動詞は形式的に能動態であるが，意味的には受動態である。そのために，伝統文法 (Jespersen (1927: §16.8)) では，この動詞を能動受動動詞 (activo-passive verb) と呼んでいる。また，van Oosten (1977)，Fellbaum (1985) 等では，こ

の種の文を被動者主語構文 (Patient-subject Construction) と呼んでいる。本節では, Fiengo (1980), Keyser and Roeper (1984) 等に従い, (6) の動詞を中間動詞 (middle verb) と呼び, この動詞を有する文を中間構文 (Middle Construction) と呼ぶことにする。以下, 具体的な例をあげておきたい。

(9) a. This car handles smoothly.　　(Fellbaum (1986: 21))
　　　　　(この車はスムーズに運転できる)

　b. The book reads {easily, well}.　(Fiengo (1980: 49))
　　　　　(その本は{簡単に, よく} 読める)

　c. The baggage transfers efficiently.
　　　　　(その荷物は効率よく運ばれる)　　(Stroik (1992: 127))

　d. The chickens kill easily.
　　　　　(その鶏は簡単に殺せる)

　　　　　　　　　　　　　　(Keyser and Roeper (1984: 383))

　e. The meat cooks all the better if you cook it slow.
　　　　　(その肉はゆっくり料理すれば, よりうまく料理できる)

　　　　　　　　　　　　　　(Jespersen (1927: 16.8))

　f. The clothes wash with no trouble.
　　　　　(その服は問題なく洗える)　　(van Oosten (1977: 460))

ここで注意すべきことは, 中間構文に (6) の中間動詞だけでなく, (4) の能格動詞も用いられることである。

(10) a. The door opens easily.
　　　　　(そのドアは簡単に開けられる)

　b. The clothes hang easily.
　　　　　(その服は簡単に掛けられる)

　c. The car moves easily.

(その車は簡単に動かせる)

d. The bottle breaks easily.

(そのビンは簡単に壊される)

(Keyser and Roeper (1984: 383))

したがって，他動詞形をもつ動詞は中間構文の動詞として用いることができる。このことにより，他動詞はすべて中間構文に用いられると予測できる。しかし，その予測は適切ではなく，他動詞形をもつ動詞がすべて完全に文法的な中間構文を形成するとは限らない。

(11) a. *The answer knows easily.

b. *French acquires easily.

c. *The argument assumes easily.

d. *The answer learns easily.

(Keyser and Roeper (1984: 383))

Keyser and Roeper (1984) は，(11) は意味的には逸脱しているが，原則的には文法的であると主張している。しかし，上述したように，中間構文の主語は動詞の表す行為に影響を受ける被動者でなければならない。(11) の主語を見てみると，動詞の行為に影響を受けているとは考えられない。なぜなら，(11) の動詞は行為を表していないからである。したがって，(11) の非文法性は主語が被動者でないことによると言えるだろう。

ここで，中間構文の主語が被動者でなければならないことについて詳しく考えてみよう。

(12) a. *This glass hits easily.

b. This glass smashes easily.

(このコップは簡単に粉々に割れる)

((a), (b): Roberts (1987: 215))

  c. These weeds pull out easily.
    (これらの雑草は簡単にぬける)
  d. Softened butter spreads easily.
    (柔かいバターは簡単に塗られる)

((c), (d): Fellbaum (1986: 17))

(13) a. *These cabinets build easily.
  b. *Wool sweaters knit easily.

((a), (b): Fellbaum (1986: 17))

  c. *The picture draws well. (Roberts (1987: 215))

(12a, b) では，動詞 hit, smash が用いられている。これらの動詞では主語のコップに対する働きかけが異なる。すなわち，hit は単にコップを「たたく」ことを意味するのに対して，smash はコップに影響を与え，それを粉々にすることを表す。したがって，(12b) の主語だけが被動者であると考えられる。

また，(12c, d) の主語は動詞の表す行為の影響を受けて，状態が変化している。これも主語が被動者であることを示している。

(13) の動詞は創造を意味するものである。したがって，主語は動詞の行為に影響を受ける単なる被動者ではなく，動詞の行為の最終的な結果を表している。(13) が非文法的な文であることにより，中間構文の主語は被動者でなければならず，行為の結果の産物であってはならないと言えよう。

次の例も同じような理由で非文法的になっている。

(14) a. *Advantage takes of John easily.
  b. *John believes to be a fool easily.
  c. *These problems consider easy at MIT.

d. *John sees singing easily.

(Roberts (1987: 190))

　学校文法の5文型では，(1)，(4)を第1文型と分類し，(2)，(5)，(7)を第3文型と分類する。しかし第1文型には，ほかに(6)，(9)，(10)，(12b-d)のような中間構文もある。この構文には，(1)，(4)と比べて統語的にも意味的にも興味深い特徴が見られる。

　本章では，このような中間構文について考察する。2節では中間動詞の統語的な特徴について議論し，3節では中間構文の意味的な特徴を考察する。続いて，4節では中間構文の「含意された動作主」についてさまざまな構文と比較しながら議論し，5節ではその結果について検討する。6節では4節のデータと5節の結論を踏まえてStroik (1992) で提案された中間構文の構造を示し，7節では中間構文に生起する副詞について議論する。そして8節は結びとする。

2. 中間動詞の特徴

　本節では，中間動詞の統語的な特徴を能格動詞と比較しながら考察していきたい。

　まず第一に，中間動詞は命令文や進行形には用いられない。

(15) a. *Bribe easily, bureaucrat!　　　(Fagan (1988: 181))
　　 b. *Wax, floor!
　　 c. *Translate, Greek!

((b), (c): Keyser and Roeper (1984: 384))

(16) a. *Bureaucrats are bribing easily.　(Fagan (1988: 181))
　　 b. *The walls are painting.

c. *Chickens are killing.

  ((b), (c): Keyser and Roeper (1984: 384))

一般に，動詞の中で命令文や進行形に用いられないのは，状態を表す動詞 (stative verb) と言われている。たとえば，動詞 know は「知っている」という状態を表すので，次のように命令文にも進行形にも用いられない。

(17) a. *Know the answer, John!
   b. *John is knowing the answer.

(15), (16) が非文法的であるので，中間動詞は状態動詞であると考えられる。

これに対して，能格動詞は命令文や進行形に用いられる。

(18) a. Sink, boat! （ボートよ，沈め）
   b. Close, door! （ドアよ，閉まれ）
   c. Bounce, ball! （ボールよ，弾め）

(19) a. The boat is sinking.
     （その船は沈んでいる）
   b. The door is closing.
     （そのドアは閉まりつつある）
   c. The ball is bouncing.
     （そのボールは弾んでいる）

(Keyser and Roeper (1984: 384-345))

これは非能格動詞と同じである。

(20) a. Run in the field!
     （フィールドで走りなさい）
   b. Laugh down a speaker!
     （話している人を笑って黙らせなさい）

(21) a. John is running in the field.
    (ジョンはそのフィールドで走っている)
  b. They are laughing down a speaker.
    (彼らは話している人を笑って黙らせている)

第二に，中間動詞は副詞等を伴う必要があり，それがなければ (22) のように非文法的になる。しかし，能格動詞は (23) のようにそれを伴う必要はない。

(22) a. *Bureaucrats bribe.
  b. *The wall paints.
(23) a. The boat sank.
    (その船が沈んだ)
  b. The door opened.
    (そのドアが開いた)

(Keyser and Roeper (1984: 385))

これに関しては，注意すべきことがいくつかある。まず，動詞の意味内容によって，副詞等が不要になることがある。

(24) a. This umbrella folds up.
    (この傘は折りたためる)
  b. The seat belt adjusts.
    (そのシートベルトは調節できる)
(25) a. ??These shirts wash.
  b. These shirts wash in cold water only.
    (これらのシャツは冷たい水でのみ洗える)

(Fellbaum (1986: 8-9))

(24) の動詞 fold (up)，adjust は，行為そのものを表すのではなく，実行可能性を含意する動詞である。このような動詞では

副詞等を必要としない。これに対して，(25) の動詞 wash は単純に行為を表すので，副詞やそれに代わる表現が必要になる。

また，法助動詞，強勢，否定要素などがある場合には，副詞等は必要ではない。

(26) a. The floor might wax.
   (その床はワックスがかけられるかもしれない)
   b. Bureaucrats BRIBE.
   (官僚たちは買収される)
   c. The bread DOES cut.
   (そのパンは切れる)
   d. This bread doesn't cut.
   (そのパンは切れない)

(Roberts (1987: 195))

第三に，中間動詞は知覚構文に生起できない。これに対して，能格動詞はその構文に生起できる。

(27) a. *I saw bureaucrats bribe easily.
   b. *I saw chickens kill quickly.

(Keyser and Roeper (1984: 385))

(28) a. I saw the building tumble down.
   (私はそのビルが崩壊するのを見た)
   b. I saw the ship sink.
   (私はその船が沈むのを見た)

ちなみに，状態を表す動詞や形容詞なども知覚構文に生起することはできない。

(29) a. *I saw John resemble his father.

b. *I saw the girl tall.

(Fagan (1988: 187))

resemble, tall は状態を表す述語であり、(29) のように知覚構文には用いられない。

以上のように、中間動詞は能格動詞と比べて異なった統語的な特徴を示す。また、これまで見た命令文、進行形、知覚構文に関する事実から判断すれば、中間動詞は状態動詞であると考えられる。

3. 中間構文の意味的な特徴

Keyser and Roeper (1984) によれば、(6) のような中間構文は総称文 (generic sentence) として解釈され、一般的に事実と考えられる事柄を記述する場合に用いられる。(ここで、(6) を (30) として再録する。)

(30) a. Bureaucrats bribe easily.
　　 b. The wall paints easily.

したがって、このような中間構文は過去の特定の出来事を表すのは困難である。

(31) a. ?Yesterday, the mayor bribed easily, according to the newspaper.
　　 b. ?At yesterday's house party, the kitchen wall painted easily.

(Keyser and Roeper (1984: 384))

これに対して、能格動詞を伴う文は過去の特定の出来事を表すことができる。

(32) a. The boat sank, according to the newspaper.
    (新聞によれば,その船は沈んだ)
   b. At yesterday's house party, the kitchen door opened.
    (昨日のハウスパーティで,その台所のドアが開いた)

このように,中間構文は能格文と異なり,総称文であると解釈され,実際の出来事を表すことは困難であると考えられている。しかし,この考え方は適切ではないという意見もある。なぜなら,実際には,過去に行われた行為を表すことも可能だからである。

(33) a. The steaks you bought yesterday cut like butter.
    (あなたが昨日買ったステーキはバターのように切れた)
   b. The paint we were persuaded to buy sprayed on evenly.
    (私たちが買うように説得された塗料は均等にスプレーすることができた)

(Fellbaum (1986: 4))

また,将来行われると予想される行為も中間構文で表せる。

(34) a. Your new oven will clean in minutes!
    (あなたの新しいオーブンはすぐに綺麗にされるでしょう)
   b. Your kitchen counters will wipe clean in a jiffy!
    (あなたのキッチンカウンターは一瞬に拭いて綺麗にされるでしょう)

したがって,Fellbaum (1986) が主張しているように,「総称的」であるのは行為そのものではなく,動作主であると考えるのが妥当だと思われる。

4. 中間構文の含意された動作主

4.1. 統語的な動作主と語彙的な動作主

一般に,中間構文には動作主の存在が含意されていると言われる。たとえば,次のような例を考えてみよう。

(35) a. The hedge trims easily.
       (その生垣は簡単に刈り込まれる)
   b. The boat sinks.
       (その船は沈む)

Fiengo (1980), Keyser and Roeper (1984) などで指摘されているように, (35a) の中間構文は動作主が含意されていて,この文には trimmer (刈り込む人) の存在が前提にされている。これに対して, (35b) の能格文にはそのような動作主が含意されていない。

これを支持する例としては,次のようなものがある。

(36) a. *Bureaucrats bribe easily all by themselves.
   b. The boat sank all by itself.
       (その船はひとりでに沈んだ)

(Keyser and Roeper (1984: 405))

(36) の all by oneself という表現は,「他からの手助けを全く受けずに」「ひとりでに」という意味をもつ。したがって,この表現は動作主が存在しない文に生起できるが,動作主が含意された文とは適合しない。能格文には動作主がないので, (36b) のように all by itself が能格動詞と適合し,この文は適切な表現となっている。しかし, (36a) は非文法的である。このことは,中間構文には動作主が含意されていることを示している。

さらに，次のような例を考えてみよう。

(37) a. These clothes hang on the line easily.
(これらの服はロープに簡単に掛けられる)
b. It is easy for someone to hang these clothes on the line.
(誰かがこれらの服をロープに掛けるのは簡単である)

(Roberts (1987: 233))

(38) a. This book reads easily.
(この本は簡単に読める)
b. People, in general, can read this book easily.
(人々は一般的にこの本を簡単に読むことができる)

(37a), (38a) の中間構文を書き換えると，(37b), (38b) のようになる。後者の書き換え文では，動詞 hang, read の動作主がそれぞれ someone, people として明示されている。(37a), (38a) と (37b), (38b) は同義であるので，(37a), (38a) の中間構文には含意された動作主が存在すると言える。

そこで，中間構文の含意された動作主についてさらなる理解を深めるために，次のような文を考えてみよう。

(39) a. They decided [PRO to sink the boat].
(彼らはその船を沈めることに決めた)
b. The boat was sunk.
(その船は沈められた)
c. The boat sank.
(その船は沈んだ) ((a)-(c): Chomsky (1986b: 118))
d. The book reads easily.
(その本は簡単に読める)

(39a) では，動詞 decide の目的語の位置に不定詞節が生じている。不定詞節の動詞 sink は他動詞であるので，語彙的に動作主と主題という主題役割をもつ。一般に，能動態の他動詞文では，この主題役割は構造上の主語と目的語に付与される。その結果，(39a) では，主題は the boat に付与されるが，動作主は付与される要素がない。そのために，sink の主語として発音されない PRO が配置されている。したがって，この PRO は構造的に sink の主語として機能し，同時に意味的には動作主としての主題役割をもつ。

ちなみに，PRO は意味解釈上，先行する表現と同じ人や物を指す。たとえば，(39a) の PRO は先行する they を指す。PRO のこのような機能は，代名詞 (pronoun) の機能と同じである。しかし，they, him などの代名詞は発音されるのに対して，PRO は発音されない。この点において，この二つの要素は異なる。また，PRO と代名詞では，指し示す状況も異なる。このようなことを踏まえて，生成文法では，PRO の場合，先行詞の代わりに制御要素 (controller) という用語を用い，PRO は制御要素によってコントロール (control) されると言う。また代名詞の場合には，先行詞 (antecedent) によって束縛 (bind) されると言う。

(39b) は受動文である。受動文では，動作主が一般的な人である場合には，by 句 (by 句の句は動作主である) が省略されることがよくある。しかし，そのような場合でも，意味解釈上，動作主が含意されている。したがって，(39b) においても動作主が明示されていないものの含意はされている。

(39c) は能格文である。能格動詞は，すでに述べたように，語彙的には主題という主題役割しかもたない。そして，その主題は主語が担う。したがって，この種の文には構造的に明示される動

作主も，また，含意される動作主も存在しない。

(39d) は今問題にしている中間構文である。この構文には，上述したように，含意される動作主が存在する。

以上，(39) の四つの文の動作主に関してまとめると次のようになる。

(40) a. 能動文の不定詞節では，動作主は構造的に存在する。つまり，動作主は統語的に (PRO として) 存在する。
 b. 受動文では，動作主の by 句が省略されることもあるため，動作主は構造的に存在せず，含意されている。つまり，動作主は統語的に存在しないが，語彙的には存在する。
 c. 能格文では，動作主は構造的に存在せず，含意もされない。つまり，動作主は統語的にも語彙的にも存在しない。
 d. 中間構文では，動作主は構造的に存在せず，含意されている。つまり，動作主は統語的に存在しないが，語彙的には存在する。

ここで注意すべきことは，(40b) と (40d) から分かるように，受動文と中間構文において「動作主は統語的に存在しないが，語彙的には存在する」となっていることである。もしこれが正しいなら，受動文と中間構文はさまざまなタイプの文において同じ文法性を示すと予測される。そこで，次の4.2節において，7種類の文の文法性を見て，この予測が正しいかどうか確かめたい。

4.2. 統語的な動作主と語彙的な動作主の違いについて

まず第一に，by 句 (句=動作主) の生起可能性について考えてみよう。

(41) a. *I decided [PRO to sink the boat by John].

b. The boat was sunk by John.

(その船はジョンによって沈められた)

c. *The boat sank by John.

((a)-(c): Chomsky (1986b: 118))

d. *This book sells well by John.

(41) は，(39) の四つのタイプの文に by 句を付け加えたものである。(41a) は非文法的である。その理由は簡単で，不定詞節内に統語的に明示された PRO の動作主と by 句の動作主が存在するからである。つまり，一つの文に二つの動作主があるのは意味解釈上ありえないので，(41a) は非文法的になっている。

これに対して，(41b) は文法的である。これは動作主が統語的に存在せず含意されている場合に，by 句が生起できることを示している。

これに基づいて (41c) を考えると，この文の非文法性は簡単に予測できる。すなわち，by 句は (41b) のように，動作主が含意される文に生起する。しかし，能格文は統語的にも語彙的にも動作主を含まない。したがって，(41c) には by 句が生起する余地はない。

ところが，奇妙な振る舞いをするのは (41d) の中間構文である。(40) に示されているように，中間構文の動作主は，受動文の動作主と同様に，統語的に存在せず語彙的に含意されているにすぎない。したがって，(41d) は (41b) と同じ文法性を示すはずである。しかしながら，これらの文の文法性は異なっている。その理由が何であるか，気になるところである。

ここで注意すべきことは，(41d) の中間構文が (41a) と同じ文法性を示していることである。これは，(41d) の中間構文にも，

(41a) と同様に，動作主が統語的に明示されていることを示唆している。

第二に，voluntarily のような副詞の生起可能性について考えてみよう。

(42) a. I decided [PRO to leave voluntarily].
(私は自発的に出発することに決めた)
b. The boat was sunk voluntarily.
(その船は自発的に沈められた)
c. *The boat sank voluntarily.

((a)-(c): Chomsky (1986b: 118))

d. *This book sells well voluntarily.

(42) の副詞 voluntarily は動作主指向の副詞 (Agent-oriented Adverb) である。この副詞がある文に生起するためには，その文に動作主が統語的か，あるいは，語彙的に存在しなければならない。今，(42a, b) を考えてみると，(42a) には動作主が統語的に存在する。また (42b) の受動文には，動作主が語彙的に存在する。したがって，これらの文は文法的になっている。

これに対して，(42c, d) は非文法的である。(42c) の能格文には，どちらのタイプの動作主も存在しない。したがって，動作主指向の副詞が生起できず，この文は非文法的となっている。

またしても問題になるのは，(42d) の中間構文である。(40)から予測されることは，(42d) が，(42b) と同様に，文法的だということである。しかし，(42d) のみが非文法的である。ここでも，(42d) の非文法性の原因がどこにあるのかについて疑問が生じてくる。これに関しては，5節で議論する。

第三に，統語的に存在する動作主 (PRO) や語彙的に存在する (含意される) 動作主が指示的な解釈を受けるかどうかについて

考えてみよう。

(43) a. They expected [PRO to give damaging testimony].

(彼らは損害を与える証言をしたいと思っていた)

b. *They expected [damaging testimony to be given].

c. *They expected [the boat to sink].

((a)–(c): Chomsky (1986b: 118))

d. Mary expects [the Latin text she was assigned to translate easily].

(メアリーは自分に割りあてられたラテン語のテキストが簡単に翻訳できると期待している)　(Stroik (1992: 133))

(43) では，動詞 expect の目的語の位置に能動態の不定詞節 (a)，受動態の不定詞節 (b)，能格文の不定詞節 (c)，そして中間構文の不定詞節 (d) が生じている。

(43a) では，不定詞節の主語に PRO があり，動作主という主題役割をもつ。この PRO の制御要素は主節主語の they であるので，「彼ら」という解釈をもつ。

このように，音声内容をもたないが統語的に存在する要素 (PRO) は，先行する表現によってその指示性が与えられる。しかし，(43b, c) には，PRO に類する要素が統語的に存在しない。したがって，これらの文は非文法的である。

(43d) は，基本的に (43b) と同じ文法性を示すはずである。なぜなら，統語的に PRO に類する要素が存在しないからである。ところが，予測に反してこの文は文法的である。

ここで，この文と (43a) を比較すると，(43d) は (43a) と同じ文法性を示している。したがって，(43d) の中間構文には統語的に動作主が存在するのではないかということが推測される。

第四に，統語的に存在する動作主 PRO と語彙的に存在する動作主が，他の節に生じる PRO の制御要素になれるかどうかについて考えてみよう。

(44) a. It is time [PRO$_1$ to sink the boat [PRO$_2$ to collect the insurance]].

（保険金を受け取るためにその船を沈める時期である）

b. The boat was sunk [PRO to collect the insurance].

（その船は保険金を受け取るために沈められた）

c. *The boat sank [PRO to collect the insurance].

((a)-(c): Chomsky (1986b: 118))

d. *This book sells quickly [PRO to make much money].

(44) には，「〜するために」という目的を表す不定詞節が存在する。この目的節の動詞 collect は他動詞であり，動作主という主題役割をもつ。この主題役割は統語的に主語として具現化された要素に付与されるので，主語の位置に音声的に空の PRO が配置されている。

すでに述べたように，PRO は解釈上，制御要素をとる。(44a) では，PRO$_2$ が PRO$_1$ を制御要素にとる。したがって，この文は文法的である。

また，(44b) も文法的である。この文の目的節の PRO は受動文の語彙的な（含意された）動作主を制御要素にとる。したがって，(44a, b) が文法的であることにより，統語的に存在する動作主 (PRO$_1$)，あるいは，語彙的に存在する動作主は，目的節の主語 PRO の制御要素になれると考えられる。

この考え方により，(44c) が非文法的であることは簡単に説明

できる。なぜなら，(44c) の能格文には，上記のような動作主は存在しないからである。

しかし，ここでも中間構文 (44d) が問題となる。もし (44b) のように，語彙的な要素が目的節の主語 PRO の制御要素になれるのであれば，(44d) も文法的になるはずである。しかし，この文は非文法的である。

(42) で述べたように，もし (44d) の含意された動作主が，(44a) と同様に統語的に存在しているのであれば，(44d) の非文法性は何か別の原因によっていることになる。これについては，5 節で考察する。

第五に，each other の相互代名詞 (reciprocal pronoun) や oneself, himself などの再帰代名詞 (reflexive pronoun) について考えてみよう。以下の例は，統語的に存在する動作主と語彙的に存在する動作主が相互代名詞や再帰代名詞の先行詞になれるかどうかについて調べるための例である。

(45) a.　They decided [PRO to hit each other].
　　　　（彼らはお互いを殴り合うことに決めた）
　　b.　*Damaging testimony is sometimes given about each other.
　　c.　*The boat sank for each other.
　　　　　　　　　　　　　　((a)–(c): Chomsky (1986b: 118))
　　d.　Some poems read better aloud to oneself than others do.
　　　　（いくつかの詩は他の詩より自分自身に大声で読まれる）
　　　　　　　　　　　　　　　　　　　(Stroik (1992: 133))

(45a) の不定詞節内にある相互代名詞は，その不定詞内に先行詞を要求する。（詳しくは，第 4 章の小節構文で考察する。）この文は

文法的であるので，PRO がその先行詞となっている。このことより，統語的に存在する動作主は，each other の先行詞になれるということになる。

そのように考えると，(45b, c) が非文法的であることは簡単に説明できる。なぜなら，(45b) には動作主が語彙的に存在するが，統語的には存在しないし，また，(45c) にはそのどちらの要素も存在しないので，each other は先行詞を欠くことになるからである。

(45d) の oneself も先行詞を要求する。しかし，この文には (45b) と同様に，統語的に明示された要素（動作主）はない。にもかかわらず，(45d) は文法的である。

この謎を解く鍵は，(45d) が (45a) と同じ文法性を示していることにあるかもしれない。もし (45a) のような PRO に類似する要素（動作主）が (45d) にも存在すれば，この文が文法的であることは自然に説明できる。

第六に，副詞句の中に PRO があるような例について考えてみよう。以下の例は，統語的に存在する動作主と語彙的に存在する動作主が副詞句内の PRO の解釈に寄与できるかどうかについて調べるための例である。

(46) a. It is impossible [PRO to file the articles [without PRO reading them]].
(その記事を読まないでファイルに整理するのは不可能です)

b. *It is impossible [for the articles to be filed [without PRO reading them]].

c. *The boat sank [without PRO seeing it].

((a)-(c): Chomsky (1986b: 120))

d. Potatoes usually peel easily [after PRO boiling them].

(ジャガイモは茹でたあとでは，通常，簡単に皮が剥ける)

(Stroik (1992: 134))

(46) は，without や after を伴う副詞句を含んでいる。その中には，他動詞の現在分詞が生じているので，主語に PRO が生じている。たとえば，他動詞 read は語彙的に動作主と主題をもつので，動作主は主語に付与され，主題は目的語に付与される。したがって，その他動詞の主語と目的語は統語的に存在していなければならない。これは現在分詞 reading を伴う文でも同じである。(46a, b) では，reading の目的語が存在するが，主語は存在しない。したがって，これらの文の主語には，発音されない要素として PRO が配置されている。(46c, d) の PRO も同じ理由で統語的に配置されている。

すでに述べたように，PRO は意味解釈上，制御要素をとる。(46a) は文法的であり，副詞句内の PRO の制御要素は，動詞 file の主語 PRO である。このことから，副詞句内の PRO は統語的に存在する動作主を制御要素にとることが分かる。

そうすると，(46b, c) の非文法性は簡単に説明できる。すなわち，(46b) では，意味解釈的に PRO の制御要素になれるのはこの文の動作主であるが，その動作主は統語的に存在しない。また (46c) では，PRO の制御要素になれる動作主がそもそも存在しない。したがって，このような理由で，(46b, c) は非文法的になっている。

これに対して，(46d) は文法的である。本来ならば，(46d) は非文法的であろう。なぜなら，この文には PRO の制御要素となれる動作主が統語的に存在していないはずだからである。

この事実も，(46a) と (46d) が同じ文法性を示していることによって説明されるかもしれない。すなわち，(46d) の中間構文の動作主は，(46a) の動作主 PRO と同様に，統語的に具現化されているとすれば，この二つの文が文法的になっても不思議ではない。

最後に，形容詞的述語について考えてみよう。下記の例は，統語的に存在する動作主と語彙的に存在する動作主が形容詞的述語の主語になれるかどうかについて調べるための例である。

(47) a. They expected [PRO to leave the room [PRO angry]].
   （彼らは怒っていたので，その部屋を出て行きたいと思っていた）
   b. *The room was left [PRO angry].
   c. *The boat sank [PRO angry].

   ((a)–(c) : Chomsky (1986b: 121))

   d. This children's book reads easily [PRO unaided].
   （この子どもたちの本は手助けがなくても簡単に読める）

(47) には，angry, unaided などの形容詞が含まれている。これらは述語であるので，意味解釈上，主語が存在しなければならない。この主語は発音されないので，(47) では PRO として表示されている。

(47a) では，angry の主語である PRO は，意味的に解釈すれば，leave の主語 PRO を制御要素にとる。したがって，形容詞的述語の主語 PRO は統語的に存在する動作主を制御要素にとると言える。

もしそうであれば，(47b, c) の非文法性は簡単に説明できる。なぜなら，(47b, c) には PRO の制御要素になりうるものが統

しかし，この説明は (47d) にはあてはまらない。なぜなら，(47d) は (47b) と同様に，PRO の制御要素になりうるものが統語的に存在しないにもかかわらず，この文が文法的だからである。

そこで，仮に (47d) の中間構文の動作主が (47a) の動作主の PRO のように，発音されないが統語的に存在するとすれば，(47d) が (47a) とともに文法的であることが自然に説明できるだろう。

以上，(39) の不定詞節，受動文，能格文，そして，中間構文を基にして，発音されないが統語的に存在する動作主 (PRO) と受動文や中間構文の語彙的に存在する (含意された) 動作主の違いを理解するために，七つのタイプの文を考察してきた。これらの結果を表にまとめると次のようになる。

(48)

	不定詞節	受動文	能格文	中間構文
(41) by 句	×	○	×	×
(42) voluntarily	○	○	×	×
(43) 被制御要素	○	×	×	○
(44) 制御要素（目的節）	○	○	×	×
(45) 束縛子	○	×	×	○
(46) 制御要素（副詞句）	○	×	×	○
(47) 制御要素（形容詞的述語）	○	×	×	○

(48) の○と×はそれぞれ当該の文が文法的であることと，非文法的であることを示している。

さて，この表からどのようなことが分かるか考えてみよう。まず (40) において，受動文と中間構文は共通した特徴をもつと述べた。すなわち，これらの文は「動作主は構造的に存在せず，含意されている。つまり，動作主は統語的に存在しないが，語彙的には存在する。」という共通の特徴をもっているとした。したがって，受動文と中間構文は，七つのテストをした場合，同じような文法性を示すだろうと予測される。

しかし，(48) の表を見る限り，その予測はあたっていない。なぜなら，受動文と中間構文の文法性がすべてにわたって異なっているからである。

むしろ，この表から言えることは，不定詞節と中間構文が同じような文法性を示していることがうかがえることである。なぜなら，(42) の動作主指向の副詞の挿入可能性と (44) の目的節内の PRO の制御要素になれる可能性を除けば，他の五つのテストにおいて不定詞節も中間構文も同じような文法性を示しているからである。もし (42) と (44) の文法性の違いが他の要因によるものであれば，中間構文には不定詞節の主語 PRO（動作主）と同様に，動作主が統語的に存在することになる。

次節では，なぜ (42) と (44) の文法性が不定詞節と中間構文で異なるかについて考えてみよう。

5. 中間構文と出来事性について

ここで，説明の便宜上，問題になっている例を再録したい。

(49) a. I decided [PRO to leave voluntarily].

  b. *This book sells well voluntarily.
(50) a. It is time [PRO$_1$ to sink the boat [PRO$_2$ to collect the insurance]].
  b. *This book sells quickly [PRO to make much money].

(49) から分かるように，動作主指向の副詞 voluntarily は不定詞節には生起するが，中間構文には生起しない。また (50) が示すように，目的節は不定詞節と共起するが，中間構文とは共起しない。

Stroik (1992) によると，動作主指向の副詞や目的節は動作主を要求するだけでなく，その文が出来事を表さなければならない。しかし，中間構文は出来事を表すことはできない。なぜなら，2 節で述べたように，中間動詞は命令文や進行形に用いられず，状態動詞のように振る舞うからである。

動作主指向の副詞や目的節が動作主を要求するだけでなく，その文が出来事を表さなければならないことは，次の例からもうかがえる。

(51) a. *The book sold voluntarily.
  b. *The book sold [PRO to make the money].
(Roberts (1987: 190-191))

(52) a. *John knew the answer voluntarily.
  b. *John knew the answer [PRO to impress everyone].

(53) a. The book was sold voluntarily.
   （その本は自発的に売られた）
  b. The book was sold [PRO to make the money].
   （その本はお金をえるために売られた）

(51)の動詞は能格動詞である。したがって，この文には動作主は存在しない。また(52)の動詞は状態動詞である。そのために，この文は出来事を表すことはない。このような事情により，(51)，(52)は非文法的となる。

これに対して，受動文(53)は含意された動作主を含み，出来事を表している。したがって，(53)は文法的となっている。

もし上記の考察が正しければ，中間構文(42)と(44)の非文法性は，統語的に動作主が存在しないことに起因しているのではなく，むしろ動作主指向の副詞や目的節の生起条件を満たしていないことにその原因があることになる。

その結果，中間構文には，不定詞節のPROと同様に，発音されない動作主が統語的に存在すると仮定することが可能になる。そうすれば，第4章で調べた七つのテストのうち，(42)と(44)を除いた五つのテスト結果は自動的に説明される。

6. 中間構文の構造

これまでの中間構文に関する研究を大別すると，語彙分析と変形分析に分類することができる。語彙分析はRoberts (1987)，Fagan (1988)などで提案され，基本的には他動詞がもつ主題役割のうち主題（等）を主語に配置し，動作主（等）を文の要素として具現化しないように，語彙規則で指定するものである。

これに対して，変形分析はKeyser and Roeper (1984)，Stroik (1992)等で提案され，主語を降格 (demote) し，目的語を主語に移動して中間構文を派生する。なお，降格というのは，以下で見るように，動詞句内の付加された位置に移すことを言う。

4節と5節では，不定詞節の主語PRO（動作主）と同様に，中

間構文の動作主が統語的に存在する可能性をみた。この可能性が妥当なものであれば,その動作主は統語上どのように具現化されるのかが,次に生じてくる問題となる。本節では,この問題について考察する。

そこで,4節と5節の結果に適合する分析として,Stroik (1992)で提案された構造を考えてみたい。Stroikでは次のような例を示し,動作主は統語的に存在しなければならないと論じている。

(54) a. Books about oneself never read poorly.
   (自分自身についての本は決して不十分に読まれはしない)
   b. Letters to oneself compose quickly.
   (自分自身への手紙はすばやく書かれる)

(54)の主語には再帰代名詞が生起している。再帰代名詞を含む文が文法的になるためには,その文中にその先行詞が存在しなければならない。たとえば,次のような例を考えてみよう。

(55) a. They criticized themselves.
   (彼らは自分自身を批判した)
   b. *He criticized themselves.

(55a)では,themselvesの先行詞としてtheyが存在する。これに対して,(55b)ではthemselvesの先行詞が存在しない。(55a, b)の文法性の違いから,再帰代名詞は同一文内に先行詞を要求することが分かる。

(54)は文法的であるので,この文には再帰代名詞 oneself の先行詞が存在していなければならない。そのために,Stroik は(54a)のような中間構文に対して,(56)のような構造を提案している。

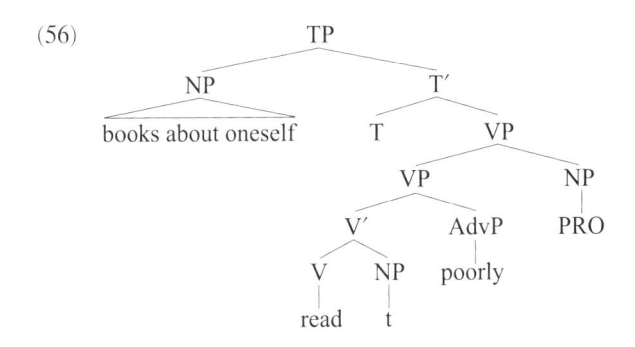

(56)
```
            TP
         /      \
        NP       T′
        |      /    \
  books about  T     VP
   oneself         /     \
                  VP      NP
                 /  \      |
                V′  AdvP  PRO
               / \    |
              V  NP  poorly
              |   |
            read  t
```

　(56) の T は Tense（時制）の略記号であり、過去、現在などの時制を表す。T は T′, TP（文）と投射（project）し、TP に直接支配されている NP（名詞句）は主語である。V は動詞を表し、V′, VP（動詞句）と投射する。V′ に直接支配されている NP は目的語であり、VP に直接支配されているのは AdvP（副詞句）である。動作主の PRO は主語位置から降格し、この VP に付加されている。この VP 付加位置は、受動態で言えば、by 句（句＝動作主）が生じる位置でもある。この PRO が降格して空になった主語位置に目的語の books about oneself が移動している。したがって、(56) の t は、その移動によって生じた痕跡である。（ただし、never の構造上の位置はここの議論と直接関係ないので省略する。）

　ここで注目したいことは、中間動詞の動作主が統語的に PRO として生じていることである。これによって、(54a, b) の文法性が適切に説明されるようになる。なぜなら、(56) において再帰代名詞 oneself を含む要素が移動する前の目的語の位置にあるときに、oneself は PRO を先行詞にとることができるからである。（再帰代名詞がどのような条件で先行詞をとるかについては、第 2 章以降で詳述する。）

このような分析を採用すれば，4節でみた不定詞節と中間構文の類似性を簡単に捉えることができる。なぜなら，不定詞節でも中間構文でも動作主が統語的に存在するからである。

また，3節で述べたように，中間構文は一般的に総称文として解釈されるが，Fellbaum (1986) によると，総称的なのは動詞の表す行為ではなく，動作主である。この考えが正しいことは，次の例からうかがえる。

(57) a.　*Books about herself read poorly.
　　 b.　*Letters to himself compose quickly.

(Stroik (1992: 136))

(57) では，再帰代名詞が herself, himself であるので，これは特定の人物を先行詞にとる。このような文が非文法的であるのは，中間構文の動作主が不特定の一般的な人でなければならないことを示している。すなわち，(56) の構造で言えば，統語的に具現化された動作主 PRO は一般的な人によってコントロールされなければならない。

7. 中間構文に生じる副詞

本節では，中間構文にどのような種類の副詞が生じるかについて考察してみよう。Fellbaum (1985) によれば，中間構文に生じる副詞には一定の制限がある。

(58) a.　These chairs fold up {easily, quickly, in a jiffy}.
　　　　（これらの椅子は {簡単に, すばやく, 一瞬で} 折りたためる）
　　 b.　Our Japanese cars handle {well, smoothly}.

(私たちの日本製の車は｛うまく,スムーズに｝運転できる)

(59) a. *This dog food cuts and chews slowly.
　　b. *The novels sell proudly.
　　c. *This light plugs in expertly.
　　d. *Polyester cleans carefully.
　　e. *This umbrella fold up skillfully.

(Fellbaum (1985: 24))

(58), (59) の副詞は，行為がどのように行われるかについての様態を表している。しかし，この2種類の副詞は性質が異なる。たとえば，(58) の副詞 easily は，行為が行われる方法が簡単だということを述べているものである。その時，特定の行為者は想定されていない。また，quickly, in a jiffy は行為がどのように行われるかを述べていて，この場合にも特定の行為者は想定されていない。

これに対して，(59) の副詞は特定の行為者が行う行為の様態を表現したものである。つまり，この副詞は一般的な行為者が行う行為の様態を表すものではない。その証拠は，次のような例である。

(60) a. *(Any)one can sell these novels proudly.
　　b. *(Any)one can plug this light in expertly.

(60) では，proudly, expertly などの様態を表す副詞が用いられている。この文は，主語が (any)one であるので，総称文として解釈される。しかし，この文が非文法的であることにより，これらの副詞は一般的な人が行う行為ではなく，特定の人の行為について，それがどのように行われるか説明するものだと考えられる。

そこで，(59) を次のような表現にすると，これらの文はすべて文法的なる。

(61) a. This dog food cuts and chews like meat.
(このドックフードは肉のように切れ，咀嚼される)
b. The novels sell like hotcakes.
(その小説はホットケーキのように売れる)
c. This light plugs into any household outlet.
(この照明器具は家庭のどんなコンセントでも差し込める)
d. Polyester cleans faster than cotton.
(ポリエステルは綿よりも速く綺麗になる)
e. This umbrella folds up in the pocket.
(この傘はポケット中で折りたためる)

(Fellbaum (1985: 27))

(61) で注目すべきことは，特定の行為者が想定されていないことである。つまり，これらの副詞表現は，どんな人であれ，その人がどのように行為を行うかについて述べている。たとえば，(61c) を考えると，その文で用いられている副詞表現は，次のように主語が一般的な人である場合，問題なく共起できる。

(62) (Any)one can plug this light into his/her household outlet.
(どんな人でもこの照明器具を家庭のコンセントに差し込むことができる)

このように，中間構文に生起する副詞には制限があるが，他動詞文や受動文にはそのような制限は見られない。

(63) a. The butler {folds, folded} these chairs up {easily,

quickly, in a jiffy, clumsily, competently}.
(その執事はこれらの椅子を{簡単に, すばやく, 一瞬で, 不器用に, 立派に}{折りたたむ, 折りたたんだ})

- b. These chairs {are, were} folded up {easily, quickly, in a jiffy, clumsily, competently} by the butler.
(これらの椅子はその執事によって{簡単に, すばやく, 一瞬で, 不器用に, 立派に}{折りたたまれる, 折りたたまれた})

- c. The umbrella {is, was} folded up skillfully.
(その傘は上手に{折りたたまれる, 折りたたまれた})
The dog food {is, was} cut and chewed slowly.
(そのドックフードはゆっくりと{切られ(る／た), かまれ(る／た)})

以上より, 特定の行為者が行う方法について述べる副詞は, 中間構文には用いられない。むしろ, 中間構文に用いられる副詞は, 特定の行為者を想定しない, 一般的な人が行う行為の様態を表す。このことは, 6節で示した中間構文の構造 (56) の PRO が任意の動作主を示すことと合致するものである。

8. 結び

本章では, 中間構文について考察した。中間構文に現れる動詞は中間動詞 (自動詞) と言われるが, 同じ自動詞の能格動詞と比べると, 異なった統語的な特徴を示す。2節では, そのような中間動詞の統語的な特徴について議論した。3節では, 中間構文の意味的な特徴を考察した。この構文は総称文と言われることが多い。しかし, 総称的であるのは, 動詞の表す行為よりも動作主で

あるという見解もある。続いて4節では，中間構文の「含意された動作主」についてさまざまな構文と比較しながら議論した。その結果，二つの言語現象を除いて，中間構文の含意された動作主は，統語的に存在する動作主に類似していることを指摘した。5節では，上記の例外的な統語現象は，動作主に関するものではなく，動作主指向の副詞や目的節の生起条件に関していると述べた。6節では，そのことを踏まえて，4節のデータを説明するためにStroik (1992) で提案された中間構文の構造を示した。この構造では，中間構文の動作主は統語的に確保されている。7節では，中間構文に生起する副詞について考察し，そこでの結論は6節で示した中間構文の構造を支持するものだと指摘した。

第 2 章

結果構文

1. はじめに

　学校文法には，英語の基本的な文型を示す5文型というものがある。これは日本の英語教育において広く用いられ，その有効性は一般に認められている。

　この英語の5文型を考えるとき重要になるのは，文の構成素である。周知のように，文を構成する要素には2種類ある。一つは，文が成立するために必要不可欠な要素であり，もう一つは文の内容を豊かにする修飾語句の要素である。英語の5文型で問題となる要素は前者であり，後者は対象外として扱われる。

　この考え方によれば，(1a, b) はともに第3文型になる。

(1) a.　John painted the door red.　(SVO)
　　　　（ジョンはそのドアを赤くペンキで塗った）
　　b.　John broke the vase into pieces.　(SVO)
　　　　（ジョンはその花瓶を粉々に壊した）

なぜなら，(1a) では，John painted the door. という表現で完結した文を作り，最後の red は品詞こそ形容詞 (A) であるが，文の内容を豊かにする修飾語句だからである。また (1b) も同様で，John broke the vase. で完全な文を構成し，into pieces は修飾語句（統語範疇的には前置詞句 (PP)）であり，英語の5文型を構成する要素ではないからである。

　ちなみに，(1a) の文は (2) の文と表面的によく似ている。

(2) a.　I believe him intelligent.
　　　　（私は彼を賢いと思う）
　　b.　The court judged him guilty.
　　　　（その裁判所は彼を有罪であると判決を下した）

すなわち，(1a), (2) ともに主語＋動詞＋目的語の後に形容詞が続いている。しかし，(2) の動詞は文の解釈上，目的語を伴うだけでは成立せず，その後に補語 (統語範疇で言えば，形容詞，形容詞句 (AP) あるいは名詞句 (NP)) を必ず伴わなければならない。その意味で，(2) のような文に現れる動詞は，不完全他動詞と言われることがある。したがって，(2) は英語の 5 文型で言うと第 5 文型にあたる。これに対して，(1a) の paint のような動詞は目的語のみ伴うので完全他動詞である。これは (1a) の red が文の随意的な要素であることを意味するので，この文はすでに指摘したように第 3 文型となる。

いずれにしろ，(1) のような文は，主語が目的語に何らかの影響を与えた結果，その目的語がある状態になった，という意味的な特徴をもっている。たとえば，(1a) ではジョンがドアをペンキで塗った結果，そのドアが赤くなった，という意味を表す。また，(1b) ではジョンが花瓶を壊した結果，その花瓶が粉々になった，ということを意味する。したがって，これらの文は，英語の基本文型で言えば第 3 文型ではあるが，文全体では「主語が目的語に行為を行うことにより，何らかの影響を受けた目的語がある結果状態に至った」ということを表すので，(1) のような文は結果構文 (Resultative Construction) と呼ばれる。

本章では，このような結果構文のさまざまなタイプを取り上げ，この構文のもつ意味的・統語的な特徴を考察する。まず 2 節では，他動詞を伴う典型的な結果構文を取り扱い，その意味的・統語的な特徴を探り，この構文のテンプレートを示す。その後，結果構文の動詞と結果述語の選択関係について議論する。また 3 節では，通常とは異なる目的語をとる他動詞や非能格動詞を伴う非典型的な結果構文を取り扱う。ここでは，これらの動詞を伴う結果構文は，このテンプレートに合せて目的語と結果述語

をとった場合に成立することを示す。4節では，他動詞を伴う結果構文と非能格動詞を伴う結果構文の統語的な類似性と相違性について考察する。5節では，同じ動詞が結果述語として形容詞句をとった場合と前置詞句をとった場合とでは，どのような意味の違いが見られるかについて，具体的な言語資料にあたって考察する。6節では上記2種類の結果構文の構造について考察し，7節は結びとする。

2. 典型的な結果構文

　まず，典型的な結果構文にはどのようなものがあるかについて見てみよう。物事の出来事を表すには，第3文型が用いられることが多い。たとえば，次のような例を考えてみよう。

(3) a. The waitress wiped the table.
　　　(そのウエイトレスはテーブルを拭いた)
　 b. Carol burned the toast.
　　　(キャロルはそのトーストを焼いた)

(3a)はウエイトレスがテーブルを拭き，(3b)はキャロルがトーストを焼いたという出来事を表す。(3a, b)は共に行為のあとの目的語の状態については何も表現していない。しかし，場合によっては，テーブルを拭いた結果，あるいは，トーストを焼いた結果がどのようになったかを表現する必要がある。結果構文はそのような場合に用いられる。具体的に，(3a, b)は次のように目的語の結果状態を表すことができる。

(4) a. The waitress wiped the table dry.
　　　(そのウエイトレスがテーブルを拭いて乾いた状態にした)

b. Carol burned the toast to a crisp.
(キャロルはそのトーストをカリカリに焼いた)

(4a)はウエイトレスがテーブルを拭いた結果，それが乾いた状態になったことを表し，(4b)はキャロルがトーストを焼いた結果，それがカリカリになったことを表す。したがって，(4)のdryやto a crispは，主語の行為に影響を受けた目的語の結果状態を表している。一般的に，これらのdryやto a crispなどは結果句 (resultative)，あるいは，結果述語 (resultative predicate) と呼ばれるが，本章では結果述語という用語を用いることにする。

では，結果構文における結果述語として，どのような種類の統語範疇が生起するかについて考察したい。一般的には，(1a)，(4a) や (5) のように形容詞が用いられたり，(1b)，(4b) や (6) のように前置詞句が用いられたりすることが多い。

(5) a. John kicked the door open.
(ジョンはそのドアを蹴ってあけた)

b. Sally pounded the meat thin.
(サリーはその肉を薄くたたいた)

c. The gardener watered the tulips flat.
(その庭師はそのチューリップに水をまいて倒してしまった)

(6) a. Break the chocolate into pieces and put them inside the mold.
(そのチョコレートを粉々に壊して，それを流し型に入れなさい)

b. He battered the girls to death.
(彼はその少女たちを何度もたたいて死なせた)

    c. She pounded the dough into a pancake.
       (彼女は生地をたたいてパンケーキにした)

 (5) の結果述語 open, thin, flat の品詞は形容詞である。一方，(6) の結果述語 into pieces, to death, into a pancake は前置詞句である。したがって，本章では句という語を統一的に用いて，上述の形容詞を形容詞句として取り扱うことにする。

 このように結果構文の結果述語には形容詞句や前置詞句が用いられることが多いが，次の例に見られるように，名詞句も結果述語として用いられることがある。

 (7) a. They painted the car a bright shade of red.
       (彼らはその車を明るい赤い色に塗装した)
    b. John painted the door a strange shade of green.
       (ジョンはそのドアを少し変わった緑色に塗装した)

(7a) では，彼らが車を塗装し，その結果，その車の色は明るい赤になった，ということを意味する。したがって，名詞句の a bright shade of red は結果述語として機能している。(7b) も同様に，名詞句の a strange shade of green が結果述語として機能している。

 しかし，動詞句は結果述語として用いられない。

 (8) a. *I shot him {die, died}.
    b. *The maid scrubbed the pot {shined, shining}.
                            ((b): Carrier and Randall (1992: 184))

 (8a) では，結果述語として動詞の原形と受動分詞が生じている。また，(8b) では動詞の受動分詞と現在分詞が生じている。(8a, b) はともに非文法的な文である。これは動詞句が結果述語

として用いられないことを示す。

　以上をまとめると，結果構文に生じる結果述語には統語範疇に関わる選択制限があり，形容詞句，前置詞句，名詞句は結果述語として用いられるが，動詞句は結果述語として用いられない，ということになる。

　これまでは能動態の結果構文を見てきたが，次にこの構文の受動態を考えてみよう。一般に，(3)のような第3文型には他動詞が用いられるので，これらの文を受動態にすることができるのは言うまでもない。

(9) a. The table was wiped by the waitress.
(そのテーブルはウエイトレスによって拭かれた)

b. The toast was burned by Carol.
(そのトーストはキャロルによって焼かれた)

(9)の動詞は(4)のように結果構文にも用いられる。したがって，(4)も(10)のように受動態にすることができる。

(10) a. The table was wiped dry by the waitress.
(そのテーブルはウエイトレスによって拭かれ乾いた状態になった)

b. The toast was burned to a crisp by Carol.
(そのトーストはキャロルによってカリカリに焼かれた)

(10)は主語が動詞の表す行為によって影響を受けて，ある結果状態になったことを表している。

　ここで，自動詞の中で他動詞としても用いられるものを考えてみよう。たとえば，freeze, break などの動詞は，「凍る」「壊れる」のように自動詞として用いられるが，「凍らせる」「壊す」のように他動詞としても用いられる。このように他動詞形をもつ自

動詞は，第1章で述べたように，能格動詞とか非対格動詞と呼ばれる。結果構文の研究では，非対格動詞という用語が使われることが多いので，本章でもこの用語を使用する。

興味深いことに，これらの非対格動詞も次のように結果構文に用いられることがある。

(11) a.　The water froze solid.
　　　　（その水がカチカチに凍った）
　　 b.　The vase broke into pieces.
　　　　（その花瓶が粉々に壊れた）

上述したように，結果構文は主語が目的語に何らかの影響を与えた結果，その目的語がある状態に至った，という意味的な特徴をもっている。しかし，(11)の文はそのような意味的な特徴をもっていないように見える。なぜなら，(11)の文は目的語を欠いているし，結果述語の solid や into pieces は目的語ではなく，主語 the water, the vase の結果状態を表しているからである。

したがって，(11)は典型的な結果構文ではなく，特殊な結果構文ということになるかもしれない。しかし，これらの動詞が他動詞形をもつ自動詞であることを考えると，(11)の文はもともと(12)のような構造から派生されたものと想定することができる。

(12) a.　[　　] froze the water solid.
　　 b.　[　　] broke the vase into pieces.

すなわち，(12)のように，the water, the vase が freeze, break の目的語の位置に生起するとすれば，他動詞を伴う典型的な結果構文に類似した構造となる。しかし，典型的な結果構文と異なり，(11)の freeze, break は自動詞として用いられている。

そのためには，(12) の目的語に生起する the water, the vase は (11) のように主語とならなければならない。

以上の理由から，(11) は (12) のような構造から the water, the vase が主語に移動して派生されたものと考えることができる。

(13) a.　[the water] froze ___ solid.

　　 b.　[the vase] broke ___ into pieces.

このように考えると，(11) の the water, the vase はもともと (12) のように目的語の位置にあるので，主語より何らかの影響を受けていると言える。したがって，(11) の動詞は自動詞ではあるが，他動詞を伴う典型的な結果構文と共通した意味的な特徴をもつことになる。すなわち，(11) は特殊な結果構文として見なす必要はなくなる。

ここで注目したいのは，この分析はすべての非対格動詞に当てはまるわけではないことである。

(14)　*A dreadful storm arose destructive.

(Horita (1995: 148))

arise は非対格動詞ではあるが，(14) のように結果構文に生じることはできない。したがって，同じ非対格動詞であっても，結果構文に生起するものと生起しないものがあるので注意を要する。

すでに述べたように，結果構文は主語が目的語に影響を与え，その結果，目的語がある状態に至るという意味的な特徴をもつ。したがって，結果構文に生じる動詞として他動詞が用いられるのが一般的である。このほか，他動詞形をもつ自動詞（非対格動詞）もこの構文に用いられることを見た。いずれにしても，結果構文

では，結果述語は目的語の結果状態を表すものでなければならず，主語や前置詞の目的語の状態を表すことはない。

たとえば，(15) のような例を考えてみよう。

(15) a. *I ate the food sick.
　　　　≠I ate the food until I was sick.
　　b. *John loaded the hay into the wagon full.
　　c. *The silversmith pounded on the metal flat.
　　d. *John shot at him dead.
　　e. *Joe kicked at Bob bloody.

(15a) は，「私は病気になるまで食べものを食べた」ということを意味するわけではない。結果構文は，目的語が動詞の示す行為によって影響を受けた結果，それがある状態に至ることを示す。したがって，結果構文の解釈では，(15a) は目的語の「食べもの」が病気になることを意味するが，実際はそのようなことはありえないので，この文は非文法的となる。

また (15b) では，「ジョンが干草を荷馬車に積んだ結果，その荷馬車が干草でいっぱいになった」ことを意味するわけではない。ここで注意すべきことは，結果述語の full は目的語の the hay ではなく，前置詞句の中の the wagon の状態を示している。結果構文は，目的語が動詞の表す行為に影響を受けて，ある結果状態になったことを意味するので，(15b) は結果構文としては成立しない。もし (16) のように the wagon を動詞の目的語にすれば，その文は文法的になる。

(16)　John loaded the wagon full with hay.
　　　（ジョンはその馬車に干草を積み，それを一杯にした）

これに対して，(15c, d, e) には目的語が存在しない。これら

の文にはそれぞれ flat, dead, bloody という結果述語が存在するが，これらの結果述語は，目的語ではなく前置詞句の中の the metal, him, Bob の結果状態を表している。結果構文の意味的な特徴は，繰り返し述べているように，結果述語が動詞の表す行為の影響を受けた目的語の結果状態を表すことである。しかし，(15c, d, e) は目的語を欠いているので，結果構文として成立することはできない。もしこれらの文から前置詞を取り除き the metal, him, Bob を目的語にすれば，これらの文は文法的になるだろうと予測される。この予測は正しい。なぜなら，次のような文が文法的だからである。

(17) a. The silversmith pounded the metal flat.
(その銀細工師がその金属をたたいて平らにした)

b. John shot him dead.
(ジョンは彼を銃で撃って死なせた)

c. Joe kicked Bob bloody.
(ジョーはボブを蹴って血まみれにした)

このように，結果構文の結果述語は目的語の状態を表し，主語や前置詞の目的語の状態を表すことはできない。この制約は直接目的語制限 (Direct Object Restriction) と呼ばれている。

したがって，結果構文を図示すると次のようになるであろう (Horita (1995) 参照)。

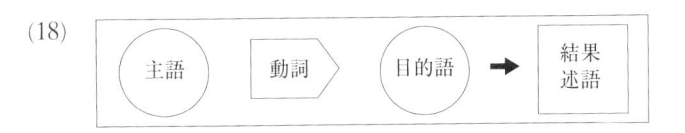

(18) 主語 → 動詞 → 目的語 → 結果述語

結果構文が成立するには，二つの条件を満たす必要がある。一つは，形式的な条件である。すなわち，(18) のように，主語，

動詞,目的語,結果述語という四つの構成素が存在していなければならない。もう一つは,意味的な条件である。すなわち,結果構文では,主語が動詞の表す行為を行うことによって目的語にある何らかの影響を与え,さらに,目的語がその動作の影響を受けて,ある結果状態に至らなければならない。(18) は一種の結果構文のテンプレートであるので,次の3節で考察するように,動詞が他動詞でない場合にも,このテンプレートに合致すれば,結果構文になる。

(18) のテンプレートには,さまざまな利点がある。まず,これによって (19) のような文の非文法性が簡単に説明できる。

(19) a. *He believed the idea powerful.

(Goldberg (1995: 67))

b. *Midas touched the tree {golden, into gold}.

c. *Medusa saw the hero into stone.

(Hoekstra (1988: 118))

d. *He watched the TV broken.

e. *Harry liked Betty to desperation.

g. *She understood his conduct worthy.

確かに,(19) のそれぞれの文を構成している要素は,主語,動詞,目的語,結果述語から成り立っている。その意味では,(19) の各文は (18) の形式的な条件を満たしている。しかし,(19) の動詞を見てみると,「信じる」「触れる」「見る」「愛している」「理解する」などを意味する。これらの動詞で共通しているのは,主語が目的語に何ら影響を与えないことである。したがって,(19) の結果述語は,これらの文ではいかなる意味ももたない。つまり,(19) は (18) の意味的な条件を満たしていない。その結果,(19) の文は非文法的な文となる。

ここで，次のような文を考えてみよう。

(20)　We stared him into confusion.
　　　（私たちは彼をにらみつけて混乱状態に陥らせた）

stare という動詞は，「にらみつけて ... させる」「じっと凝視する」という意味をもつ。したがって，この動詞は see, watch などと異なり，目的語に何らかの心理的な影響を与える。すなわち，(20) の stare のように，主語が鋭い視線で目的語である相手を見つめると，相手は心理的に影響を受けて，混乱状態に至ることは十分に考えられる。したがって，(20) のような文は文法的となる。

また，(18) のテンプレートは (21a, b) の文法性の違いも説明できる。

(21) a.　The alarm awakened the hotel guests.
　　　　（その警報がそのホテルのお客の目を覚ませた）
　　 b.　*The alarm awakened the hotel guests {alert, into early risers}.

(21a) は，ホテルの客が警報を聞いた結果，目を覚ましていることを意味する。このように，awake「目覚めさせる」という動詞は，目的語がすでに目を覚ましているという結果状態を含意する。したがって，(21b) は形式的には四つの構成素から成り立っているが，動詞そのものが結果状態を含意しているので，さらに結果述語を付け加えて結果構文にすることはできない。つまり，(21b) は (18) のテンプレートの意味的な条件を満たしておらず，非文法的になっている。

また，(18) の結果述語は，結果状態のうち最終的な状態を示す必要がある。たとえば，次のような例を考えてみよう。

(22) a. She wrung the shirt {dry, *damp}.
   (彼女はそのシャツを絞って乾かした)
 b. We heated the coffee {hot, *tepid}.
   (私たちはそのコーヒーを温めて熱くした)

(Napoli (1992: 79))

 c. She watered the tulips {flat, *droopy}.
   (彼女はそのチューリップに水をまいて倒してしまった)

(22a) の結果述語は, dry「乾いた」と damp「湿った」という形容詞句である。この二つの結果述語には, 意味的な違いがある。dry は湿った状態から水分がなくなった状態になったことを表す。つまり, この結果述語はいわゆる状態の「終点」(end point) を表す。これに対して, damp は水分を多く含んだ状態から少し含んだ状態まで幅広い状態を表す。「終点」という用語を用いるならば, damp は状態の終点を表さない。また, (22b) の結果述語は hot「熱い」と tepid「生ぬるい」である。(22c) の結果述語は flat「ぱったり倒れた状態になった」と droopy「しおれる」である。「熱い」「ぱったり倒れた状態になった」はそれぞれの状態の終点を表すのに対して,「生ぬるい」「しおれる」はそのような状態の終点を表さない。結果構文の結果述語は, 状態の終点を表さなければならない。したがって, (22) の非文法的な文は, 形式的には (18) のテンプレートに合致するが, 意味的な条件を満たしていない。なぜなら, 結果述語が主語の動作によって影響を受けた目的語の明確な結果状態を表していないからである。

これに関連して, 結果述語にはさらなる制限がある。第一の制限は, 結果構文に生じる結果述語が, 一時的な状態を示すものでなければならず, 人・物などの性質や恒久的な状態を表すものであってはならないことである。

(23) a. John wiped the table clear.
(ジョンはそのテーブルを拭いて綺麗にした)
b. *John wiped the table square.

(23a)は「ジョンがテーブルを拭いた結果，そのテーブルは綺麗になった」ことを意味する。このように結果述語に clear を用いることはできるが，(23b)のように結果述語に square を用いることはできない。(23)に生起する clear と square は共に目的語について叙述しているが，この二つには違いが見られる。すなわち，一般に，clear のような一時的な状態を表す述語はステージレベル述語 (stage-level predicate) と呼ばれ，square のような物の性質や恒久的な状態を表す述語は個体的レベルの述語 (individual-level predicate) と呼ばれる。(18) のテンプレートから分かるように，主語が目的語に行為を行うことによって影響を与えるので，目的語の結果状態は一時的なものでなければならない。したがって，(23a) のような一時的な結果状態を示す述語だけが結果構文に生起することになる。

第二の制限は，結果構文には複数の結果述語が生起しないことである。

(24) a. *She kicked him bloody dead.
b. *John washed the clothes clean white.
c. *He wiped the table dry clean.

(Horita (1995: 148))

これも (18) のテンプレートにより説明することが可能である。すなわち，結果構文は主語が目的語に，ある何らかの影響を与えた結果，目的語がある状態に至ることを表すものである。したがって，その結果状態は一つに限られる。たとえば，(24a) を考

えると，この文は彼女が彼を蹴った結果，彼は「血まみれになり」かつ「死んだ」ということを意味する。つまり，この文は結果状態として「血まみれになった」と「死んだ」という二つを含んでいる。同様に，(24b) はジョンの洗った服が「綺麗になり」かつ「白くなった」ことを意味する。また，(24c) はテーブルを拭いた結果が「水分がなくなり乾いた状態」になり，かつ，「綺麗な状態」になったことを意味する。つまり，(24b, c) も結果述語を二つ含んでいる。したがって，(24) の各文は非文法的になる。なぜなら，(18) のテンプレートは結果述語を一つに限定しているからである。

ここで，次のような例を考えてみよう。

(25) a. He washed his face shiny clean.
(彼は自分の顔をぴかぴかに綺麗に洗った)
b. He nailed the door closed shut.
(彼はそのドアを釘でしっかりと打ちつけて閉めた)

(25a) には結果述語として shiny, clean の二つがあり，(25b) でも結果述語として closed, shut の二つがある。したがって，これらの文は，上記の制限に違反する例であると考えられるかもしれない。しかしながら，(25a) は「彼は顔を洗った結果，顔が輝き綺麗になった」ということを意味する。すなわち，shiny と clean は一つの行為において生じた一つの結果状態を示す。同様に，(25b) は「彼はドアに釘を打った結果，そのドアがしっかりと閉まった」ことを意味する。したがって，closed と shut はドアに釘が打たれた一つの結果状態を表していて，別々の行為の結果状態を表しているわけではない。一見すると，(25a, b) は結果述語を二つ含むので，上記の制限に反するように思われる。しかし，結果述語はともに一つの行為による一つの結果状態を示す

と解釈されるので，(18) のテンプレートに合致し，(25a, b) は反例とは見なされない。

最後に，結果構文に生じる動詞がどのような統語範疇の結果述語を選択するかについて考えてみよう。Fong, Fellbaum and Lebeaux (2001) は，動詞を行為動詞 (activity verb)，変形動詞 (transformation verb)，行為結果動詞 (activity resultant verb)，状態変化動詞 (change of state verb) の四つに分類し，それぞれの動詞がどのような統語範疇の結果述語を選択するかについて分析している。

まず，行為動詞を見てみると，この種の動詞には wipe, brush, scrub, wash, paint などがある。これらの動詞は，結果述語として形容詞句のみを選択し，前置詞句は選択しない。

(26) a. John {wiped, brushed, scrubbed} the floor [AP clean].
(ジョンはその床を {拭いて，モップで磨いて，磨きあげて} 綺麗にした)

b. *John {wiped, brushed, scrubbed} the floor [PP (in)to a shiny surface].

(Fong, Fellbaum and Lebeaux (2001: 757))

(26) における clean や (in)to a shiny surface という結果述語は共に「綺麗になった」という結果状態を示す。すなわち，(26) のどちらの結果構文においても，これらの結果述語は主語の行為により影響を受けた目的語の適切な結果状態を示している。しかしながら，この種の動詞は形容詞句しか選択しない。このように，結果構文には動詞と結果述語の間に選択制限が見られる。

次に，変形動詞を考えてみよう。この種の動詞には shred, tear, shatter などがある。これらの動詞は，上記のものと異なり，

前置詞句のみを選択し,形容詞句は選択しない。

(27) a. *The spy {shredded, tore} the documents [$_{AP}$ illegible].
   b. The spy {shredded, tore} the documents [$_{PP}$ into pieces].
   (そのスパイがその書類を{シュレッダーにかけて,破り}バラバラにした)

(27)の結果述語の illegible も into pieces も,(27)の意味解釈に何ら矛盾を起こすものではない。しかし,これらの動詞は(27b)のように,結果述語として前置詞句しかとることができない。

これに対して,行為を行った後ある種の結果状態を想起させる行為結果動詞は,形容詞句と前置詞句の両方を選択する。この種の動詞には hammer, pound, crush などがある。

(28) a. John {hammered, pounded} the meat [$_{AP}$ flat].
   (ジョンはその肉を{ハンマーでたたいて,何度も強くたたいて}平たくした)
   b. John {hammered, pounded} the meat [$_{PP}$ to pieces].
   (ジョンはその肉を{ハンマーでたたいて,何度も強くたたいて}粉々した)

(28)の動詞 hammer, pound はそれぞれ「ハンマーでたたく」「何度も強くたたく」という意味をもつ。たとえば,たたかれたものが(28)のように肉であれば,当然その形は変形する。このような場合,この種の動詞は形容詞句と前置詞句を結果述語として選択する。

最後に,物の状態が変化するような意味をもつ状態変化動詞を

考えてみよう。この種の動詞も，形容詞句と前置詞句を結果述語として選択する。たとえば，freeze という動詞を考えてみると，

(29) a. John froze the substance [$_{AP}$ solid].
       (ジョンはその物質を固く凍らせた)
    b. John froze the substance [$_{PP}$ into a hard block].
       (ジョンはその物質を固い塊に凍らせた)

(29) は，「ジョンがその物質を凍らせた結果，それがかちかちに硬くなった」ことを意味する。solid も into a hard block も意味的には (29) の意味解釈と矛盾することはない。しかし，これまでの説明から分かるように，(29) の文法性をとらえるのは，動詞と結果述語の統語範疇的な選択制限のほうであって，動詞と結果述語の間の意味的な制限ではないと考えられる。

ちなみに，(29) のような動詞は非対格動詞としても結果構文に用いられる。したがって，これらの動詞は結果述語として形容詞句と前置詞句を選択する。

(30) a. The substance froze [$_{AP}$ solid].
       (その物資が固く凍った)
    b. The substance froze [$_{PP}$ into a hard block].
       (その物資が凍って固い塊になった)

以上をまとめると，次のようになる。

(31)

	形容詞句	前置詞句
行為動詞	○	×
変形動詞	×	○
行為結果動詞	○	○
状態変化動詞	○	○

(31)の○と×は,それぞれ当該の動詞が形容詞句や前置詞句を結果述語として「選択する」ことと「選択しない」ことを示す。

　本節では,他動詞を伴う典型的な結果構文を考察し,この構文のテンプレートとして(18)を示した。また,結果構文の他動詞と結果述語の間には,統語範疇に関する選択制限があることを述べた。この構文には,このほかに非能格動詞と呼ばれる動詞を伴う結果構文がある。次節では,そのような結果構文の特徴について考えてみよう。

3. 非典型的な結果構文

　典型的な結果構文は(18)に示したように,主語,動詞,目的語,結果述語からなり,結果述語は主語が目的語にある影響を与えた際の目的語の結果状態を示す。したがって,典型的な結果構文には目的語に影響を及ぼす他動詞が用いられる。

　しかし,このような典型的な結果構文のほかに,2種類の非典型的な結果構文がある。本節ではそれらについて考察したい。

3.1. 他動詞の場合

まず,次のような例を考えてみよう。

(32) a. Sue swept the broom to pieces.
    (スーは箒(ほうき)で掃き,その結果,その箒がバラバラになった)
  b. The sopranos sang us sleepy.
    (そのソプラノ歌手は歌をうたい,その結果,私たちは眠くなってしまった)

(32)の動詞はそれぞれ「掃く」「歌う」という意味を表す。これらの動詞が他動詞であることは,次のような表現が文法的であることから分かる。

(33) a. Sue swept the carpet.
    (彼女はそのカーペットを箒で掃いた)
  b. The sopranos sang a song.
    (そのソプラノ歌手は歌をうたった)

なぜなら,(33)の動詞はそれぞれ目的語をとっているからである。

しかし,(32)の動詞は通常とることのできない目的語をとっている。なぜなら,以下の例が示すように,(32)において結果述語を省略した文は非文法的だからである。

(34) a. *Sue swept the broom.
  b. *The sopranos sang us.

したがって,(32)の動詞は通常,目的語として選択しないものを選択して結果構文をつくっている。その点で,(32)の結果構文は非典型的であると言えよう。このような結果構文に現れる動詞には,ほかに wash, eat, wring, rub などが観察されている。

(35) a. He washed the soap out of his eyes.
   (彼は眼を洗って石鹸を洗い流した)
 b. They ate us out of house and home.
   (彼らは私たちを食いつぶした)
 c. They wrung a confession out of him.
   (彼らは苦労して彼に自白させた)
 d. He rubbed the tiredness out of his eyes.
   (彼は目をこすって疲れを取った)

(Hoekstra (1988: 116))

3.2. 非能格動詞の場合

次のような結果構文を考えてみよう。

(36) a. John ran himself to exhaustion.
   (ジョンは走って疲れた)
 b. John ran his Nikes ragged.
   (ジョンはナイキの靴をはいて走り, それをぼろぼろにした)
 c. John jogged himself to exhaustion.
   (ジョンはジョギングをして疲れた)
 d. Mary danced herself tired.
   (メアリーはダンスをして疲れた)
 e. Richard shouted himself hoarse.
   (リチァードは大声で叫び, 声がしわがれた)

周知のように, 自動詞には 2 種類ある。一つは 2 節で述べたような非対格動詞であり, もう一つは非能格動詞である。後者の非能格動詞は, (36) の run, jog, dance, shout のように, 主語の意思による行為を表す。これらは自動詞であるので, (37) のように目的語をとることはない。

(37) a. *John ran himself.
   b. *John ran his Nikes.
   c. *John jogged himself.
   d. *Mary danced herself.
   e. *Richard shouted himself.

しかし，(37) から目的語を削除すれば，言うまでもなくその文は (38) のようにすべて文法的になる。

(38) a. John ran.
   b. John jogged.
   c. Mary danced.
   d. Richard shouted.

これらの動詞が自動詞であれば，目的語をとらず，結果述語のみをとることが可能ではないかと予測できる。なぜなら，ジョンが走ったり，ダンスをしたり，叫んだりすれば，疲れたり，くつがボロボロになったり，声がしわがれるのは当然だからである。しかし，その予測は適切ではない。なぜなら，それらの文は (39) のように非文法的だからである。

(39) a. *John ran ___ to exhaustion.
   b. *John ran ___ ragged.
   c. *John jogged ___ to exhaustion.
   d. *Mary danced ___ tired.
   e. *Richard shouted ___ hoarse.

このように，(36) の動詞は非能格動詞という自動詞であるので，通常は目的語をとらないが，この結果構文には目的語らしきものが生じている。この目的語は，他動詞の目的語と似て非なる

ものであるので，疑似目的語 (fake object) と呼ばれることがある。

要約すると，非能格動詞は自動詞であるが，疑似目的語と結果述語を伴うならば，結果構文として成立する。

3.3. 結果構文のテンプレート

3.1節では，結果構文に生じている動詞は他動詞であるが，通常の目的語とは異なるものをとっている場合を見た。また，3.2節では，非能格動詞と呼ばれる自動詞が結果構文に生起している場合を見た。共に，非典型的な結果構文の例である。

では，いったいなぜこのような非典型的な結果構文が成立するのであろうか。この疑問を解く鍵はやはり (18) のテンプレートである。説明の便宜上，(18) を (40) として再録する。

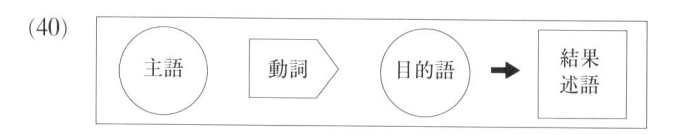

(40)   主語 — 動詞 — 目的語 → 結果述語

たとえば，3.1節でみた例 (32)（= (41)）を考えると，

(41) a.　Sue swept the broom to pieces.
　　 b.　The sopranos sang us sleepy.

(41) の目的語は，これらの動詞がとる通常の目的語ではない。それは例文 (34) が示すとおりである。換言すれば，これらの目的語はいわば疑似目的語のようなものである。

興味深いことに，(41) の結果構文は，形式的な条件と意味的な条件を満たしている。すなわち，形式的には，これらの文は主語，動詞，目的語，結果述語の四つの要素から成り立っている。また，意味的には，主語が動作を行うことによって，目的語に影

響を与え，その目的語はある結果状態になったことを表している。たとえば，(41a) を考えてみると，「彼女は箒で掃くという行為を行った結果，その箒がバラバラになった」ことを意味するし，(41b) は「ソプラノ歌手たちが私たちに歌を歌ってくれた結果，私たちは眠気を催した」ことを意味する。

このように，本来の目的語をとらない動詞でもテンプレートに合致させて，その目的語のほかに意味的に相応しい結果述語を伴うならば，適切な結果構文が生じる。換言すれば，非典型的な結果構文は，このようにテンプレートに合せることによって派生された構文であると考えることができるだろう。

このことは非能格動詞を伴う結果構文にも当てはまる。

(42) a. The professor talked us into stupor.
   (その教授は私たちに話しかけて，私たちを当惑させた)
   b. She laughed John off the stage.
   (彼女はジョンを笑って，彼を舞台から降ろした)

talk, laugh のような動詞は，非能格動詞である。なぜなら，これらの動詞は，(43) のように前置詞句をとるが，(44) のように目的語はとらないからである。

(43) a. The professor talked to us.
   (その教授は私たちに話しかけた)
   b. She laughed at John.
   (彼女はジョンを笑った)
(44) a. *The professor talked us.
   b. *She laughed John.

もちろん，(43) のそれぞれの文に適切な結果述語を補っても，(45) のように非文法的になる。

(45) a. *The professor talked to us into stupor.
   b. *She laughed at John off the stage.

しかし，(42) のように，(40) のテンプレートに合せて，これらの動詞に目的語と結果述語を補うと文法的な結果構文を作ることができる。つまり，3.2 節でみた (36) や上記の (42) のような非能格動詞を伴う結果構文は，このテンプレートを満たすことによって文法的になっている。

このように，結果構文には (40) のようなテンプレートが存在し，それに合致するように要素を補うことによって，幅広い結果構文を生成することができると考えられる。

ここで，2 節で見た他動詞形をもつ自動詞 (非対格動詞) の例 (11) (これを (46) として再録する) を考えてみよう。

(46) a. The water froze solid.
   b. The vase broke into pieces.

2 節で説明したように，(46) のような文の派生は，もともと目的語の位置に生じていた the water や the vase が主語の位置に繰り上がったものである。ここでは，それ以上の説明をする必要はないが，(46) には目的語から繰り上がった主語，動詞，そして結果述語の三つの要素しか存在しない。したがって，(46) の意味を (40) のテンプレートから考えてみた場合，この文は目的語と結果述語だけに焦点が当てられた文であると言えよう。すなわち，動詞の行為者が表現されていないので，(46) は (47) の点線部分のみに焦点が当てられた文であると考えられる (Horita (1995) を参照)。

(47)　主語　動詞　目的語　→　結果述語

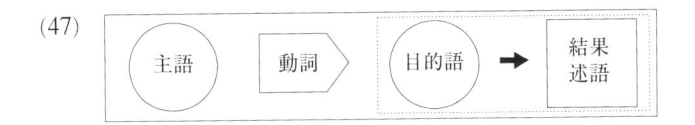

4. その他の特徴

2節では他動詞を伴う典型的な結果構文について考察し，3節では非能格動詞を伴う非典型的な結果構文を考察した。本節では，この二つの構文の類似点や相違点を考えてみたい。

4.1. 典型的な結果構文と非典型的な結果構文の統語的な類似点

まず，他動詞を伴う結果構文と非能格動詞を伴う結果構文の統語的な類似点について考えてみよう。一般に，間接疑問文（これをwh島（Wh-Island）と言う）から他動詞の目的語（特に，主題役割をもつもの（項））を取り出すことが可能である場合がある。とりわけ，(48)のように間接疑問文が不定詞節の場合，その文の文法性が高くなる。なお，(48)のtはwh句の移動によって生じた痕跡を表す。

(48) a. ?Which boys do you wonder whether to punish t?
　　　　（あなたはどの少年を罰すべきかと思いますか）
　　 b. ?Which guests do you wonder which dishes to serve t?
　　　　（あなたはどのお客にどの料理をだすべきかと思いますか）
　　　　　　　　　　　　　　　(Carrier and Randall (1992: 185))

これと同様に，結果構文でも動詞が他動詞であれ非能格動詞であれ，wh島から（疑似）目的語を取り出すことができる。

(49) a. ?Which metal do you wonder who hammered t flat?
(あなたは誰がどの金属をハンマーでたたいて平らにしたかと思いますか)

b. ?Which metal do you wonder whether to hammer t flat?
(あなたはどの金属をハンマーでたたいて平らにすべきかと思いますか)

(50) a. ?Which sneakers do you wonder who ran t threadbare?
(あなたは誰がどのスニーカーをはいて走り，ボロボロにしたかと思いますか)

b. ?Which sneakers do you wonder whether to run t threadbare?
(あなたはどのスニーカーをはいて走り，ボロボロにするかと思いますか)

(Carrier and Randall (1992: 204))

また，通常の他動詞文の目的語(項)はその一部を wh 句として文頭に取り出すことができる。

(51) a. Who did you see [a picture of t]?
(あなたは誰の写真を見ましたか)

b. Who did you take [a picture of t]?
(あなたは誰の写真を撮りましたか)

それと同様に，結果構文の(疑似)目的語は，動詞の種類に関係なく，その中の一部を取り出すことができる。

(52) a. the gang (that) I shot [the leaders of t] dead
(私が指導者たちを銃で撃って死なせたギャング)

b. the trunk (that) I hammered [the lid to t] shut
（私がふたをハンマーでたたいて閉めてしまったトランク）

(53) a. the film (that) the producer talked [the cast of t] to death
（その制作者が出演者に話しかけて死なせた映画）

b. the shoes (that) I walked [the heels of t] to tatters
（私が歩いてかかとをボロボロにしたくつ）

(Carrier and Randall (1992: 207))

(52)は，他動詞の目的語からその一部をwh句として取り出した文である。また(53)は，非能格動詞に続く疑似目的語からその一部をwh句として取り出した文である。(52)，(53)が示すように，これらの文はともに文法的である。したがって，真の目的語であろうと疑似目的語であろうと，その一部の取り出しは動詞の種類に関係なく可能である。

次に，wh島からの結果述語の取り出しについて考えてみよう。

(54) a. ?How flat do you wonder whether they hammered the metal t?
（あなたは彼らがその金属をハンマーでたたいてどれくらい平らにしたかと思いますか）

b. ?How shiny$_2$ do you wonder which gem$_1$ to polish t$_1$ t$_2$?
（あなたはどの宝石をどれくらいピカピカに磨いたらよいかと思いますか）

(55) a. ?How threadbare do you wonder whether they should run their sneakers t?
（あなたは彼らがスニーカーをはいて走り，どれくらいボロボロにしたかと思いますか）

b. ?How hoarse do you wonder whether they sang themselves t?

(あなたは彼らが歌をうたって,どれくらい声がしわがれたかと思いますか)

(54)は,他動詞を伴う結果構文の結果述語を wh 句として取り出した文である。また(55)は,非能格動詞を伴う結果構文の結果述語を wh 句として取り出した文である。これらは,(49)-(50),(52)-(53)と同様に,動詞の種類に関係なく,wh 島から結果述語を取り出すことが可能である。

さらに,受動態について考えてみよう。

(56) a. The seedlings were watered t flat.
(その苗木は水をかけられて倒れた)

b. Those cookies were broken t into pieces.
(これらのクッキーは粉々に壊れた)

(57) a. Her Nikes have been run t threadbare.
(彼女のナイキのくつは走ってすり切れた)

(cf. Mary has run her Nikes threadbare.)

b. We had been talked t into a stupor.
(私たちは話しかけられて当惑した)

(cf. The professor had talked us into a stupor.)

(Carrier and Randall (1992: 191))

(56)は他動詞を伴う結果構文から派生された受動態であり,(57)は非能格動詞を伴う結果構文から派生された受動態である。興味深いことは,これまでの例と同様に,結果構文の受動態は,他動詞,自動詞の区別を問わず,(56),(57)のように文法的な表現になることである。

4.2. 典型的な結果構文と非典型的な結果構文の統語的な相違点

動詞の受動分詞は名詞の前に生起し,その名詞を修飾する場合がある。たとえば,次のような例を見てみよう。

(58) a. a broken heart（失意）
　　 b. a hidden meaning（隠れた意味）

(58) の broken, hidden は他動詞 break, hide の受動分詞である。これらは,形容詞としての機能をもっているので,(58) のように次に生じる名詞を修飾することができる。このような用法は形容詞的受動 (adjectival passive) と呼ばれることがある。

このことを念頭に入れて,結果構文の動詞と結果述語が形容詞的受動としての機能をもつかどうか見るために,次のような例を考えてみよう。

(59) a. the stomped-flat grapes
　　　　（踏みつけられてぺしゃんこになったブドウ）
　　　　(cf. John stomped the grapes flat.)
　　 b. the spun-dry sheets
　　　　（くるくる回転させて乾いたシーツ）
　　　　(cf. Mary spun the sheets dry.)
(60) a. *the danced-thin soles
　　　　(cf. John danced his soles thin.)
　　 b. *the run-threadbare Nikes
　　　　(cf. Mary ran her Nikes threadbare.)
　　　　　　　　　　　　(Carrier and Randall (1992: 195))

(59) では,他動詞の受動分詞と結果述語が複合語を形成して名詞を修飾している。同様に (60) では,非能格動詞の受動分詞と結果述語が複合語を形成して,名詞を修飾している。文法的な

表現は前者のみである。2節と3節で見たように，結果構文には他動詞と非能格動詞が生起するが，形容詞的受動の機能を考えた場合，他動詞の受動分詞のみが結果述語と結合して，名詞を修飾することができる。

同じようなことが中間構文にも言える。中間構文とは，第1章で説明したように，形式的には能動態であるが，意味的には受動態の文をいう。

(61) a.　This car sells well.
　　　　　（この車はよく売れる）
　　 b.　The book reads easily.
　　　　　（その本は簡単に読める）

(61) では，動詞の形は能動態であるが，意味的には受動態である。なぜなら，(61) は次のような受動態と同じ意味をもつからである。

(62) a.　This car can be sold well.
　　　　　（この車はよく売られる）
　　 b.　The book can be read easily.
　　　　　（その本は簡単に読まれる）

このことを念頭にいれて，結果構文をもとにした次のような中間構文を考えてみよう。

(63) a.　New seedlings water flat easily.
　　　　　（新しい苗木は水をかけると簡単に倒れる）
　　　　　(cf. The gardener watered new seedlings flat.)
　　 b.　Those cookies break into pieces easily.
　　　　　（これらのクッキーは簡単に粉々になる）

        (cf. They broke those cookies into pieces.)
(64) a. *Competition Nikes ran threadbare easily.
        (cf. They ran their competition Nikes threadbare.)
    b. *Delicate feet walk to pieces easily.
        (cf. Mary walked her delicate feet to pieces.)
                            (Carrier and Randall (1992: 191))

(63) は他動詞を伴う結果構文から派生された中間構文であり，(64) は非能格動詞を伴う結果構文から派生された中間構文である。文法的な表現はやはり前者である。

さらに，次のような表現を考えてみよう。

(65) a. The solving of the problem was very difficult.
        (その問題を解くことはたいへん難しかった)
    b. The building of the bridge costs very much.
        (その橋の建築には多大な費用がかかる)

(65) は動詞の名詞化表現である。このような表現も結果構文に基づいて作った場合，やはり他動詞と結果述語を伴う表現のみが文法的になる。

(66) a. The watering of tulips flat is a criminal offense in Holland.
        (チューリップに水をかけて倒すことは，オランダでは犯罪である)
    b. The slicing of cheese into thin wedges is the current rage.
        (チーズを薄く切ってくさび型にするのは，現在流行っています)

(67) a. *The drinking of oneself sick is commonplace in one's freshman year.

b. *The talking of your confidant silly is a bad idea.

(Carrier and Randall (1992: 201))

(66) では，他動詞 water, slice が名詞化されていて，それに of を伴う名詞句（これは結果構文の目的語に当たる）と結果述語が続いている。これに対して，(67) では非能格動詞 drink, talk が名詞化され，それに of を伴う名詞句と結果述語が続いている。やはり，前者が文法的で，後者は非文法的である。

また，目的語と結果述語の間に副詞句や前置詞句が介在するときにも，他動詞と非能格動詞では文法性が異なる。

(68) a. I folded it quickly triangular.
(私はそれを素早く三角に折った)

b. John shaped it quickly into a dog.
(ジョンはそれを素早く犬の形にした)

(69) a. *She cried herself frantically blind.

b. *?She danced herself in high heels tired.

(68) では，目的語 it と結果述語 triangular, into a dog の間に副詞句 quickly が介在している。また，(69) でも同様に，目的語と結果述語の間に副詞句や前置詞句が介在している。(68) と (69) の違いは動詞の種類にあり，(68) では他動詞が生起し，(69) では非能格動詞が生起している。これらの文のうち文法的なものは他動詞を伴う結果構文であり，非能格動詞を伴う結果構文は非文法的である。

以上のように，他動詞を伴う典型的な結果構文と非能格動詞を伴う非典型的な結果構文では，さまざまな点で相違点が観察さ

れる。

4.3. まとめ

4.1節では，他動詞を伴う結果構文と非能格動詞を伴う結果構文で観察される類似点を見た。また4.2節では，これら2種類の構文の相違点を見た。以上をまとめると次のようになる。

(70)

変形操作	他動詞を伴う結果構文	非能格動詞を伴う結果構文
Wh 島からの(疑似)目的語の取り出し	○	○
(疑似)目的語の一部の取り出し	○	○
Wh 島からの結果述語の取り出し	○	○
受動態	○	○
形容詞的受動	○	×
中間構文	○	×
名詞化表現	○	×
副詞句等の介在	○	×

(70)において，○印は左端の変形操作を行った場合，文法的な文が派生されることを意味する。また，×印は逆にそのような操作によって非文法的な文が派生されることを意味する。ここで，興味深いことが二つある。一つは，結果構文の(疑似)目的語

や結果述語を wh 島から取り出す場合や(疑似)目的語の一部を wh 要素として取り出す場合，他動詞，非能格動詞の区別なくそれらを取り出すことが可能だということである。もう一つは，他動詞のみならず非能格動詞を伴う結果構文から派生された受動態は文法的であるが，形容詞的受動，中間構文，名詞化表現，副詞句等の介在に関しては他動詞を伴う結果構文から派生された文のみが文法的になるということである。

5. 結果述語としての形容詞句と前置詞句の意味の違い

4.2 節では，結果構文の典型的な例と非典型的な例における統語的な違いをさまざまな例をあげて説明した。本節では，結果述語の統語範疇における意味の違いについて考察する。特に，結果述語として形容詞句が生じた場合と前置詞句が生じた場合とでは，どのような意味の違いがあるかについて議論したい。取り上げる結果述語は「死んだ」を意味する dead, to death と「眠くなる，眠った」を意味する sleepy, to sleep である。

まず，結果述語として用いられる形容詞句の dead と前置詞句の to death について考えてみよう。これらの結果述語は目的語が動詞の行為によって影響を受けて「死んだ」ことを意味する。これらの結果述語をとる動詞は，Boas (2003) による British National Corpus (BNC) の検索結果，(71)，(72) のとおりであった。

(71) DEAD

動　　　詞	頻　度　数
shoot	408 (91.07%)
cut	11 (2.45%)
kill	9 (2.00%)
strike	8 (1.78%)
stop	6 (1.33%)
make, knock	3 (0.66%)
make the ball	2 (0.44%)
flatten, kick, smite	1 (0.22%)
計	448

(72) TO DEATH

動　　　詞	頻　度　数
stab	114 (24.46%)
beat	74 (15.87%)
put	44 (9.44%)
batter	39 (8.36%)
frighten	34 (7.29%)
crush	25 (5.36%)
scare	24 (5.15%)
burn	18 (3.86%)

torture	16 (3.43%)
drink, starve	15 (3.21%)
bludgeon, hack	12 (2.57%)
shoot, kick	11 (2.36%)
club	9 (1.93%)
bore, knife, choke	8 (1.71%)
blast, trample, work, worry	7 (1.50%)
love	6 (1.28%)
strangle	4 (0.85%)
dash, poison, kiss	3 (0.64%)
ax, bayonet, boil, bring, clap, suffocate, kick, freeze, spear, spray, stone, suck, gun, hammer, hug, knock, nag, peck, play, rape, shag, sting	2 (0.42%)
annoy, eat, bleed, blend, bug, bully, stab, flog, frit, cudgel, curse, dance, feed, gas, flog, jog, stab, laugh, pitchfork, pound, run, schmaltz, scorch, scratch, seduce, shock, sing, smother, squash, squeeze, stamp, strike, suffocate, sweat, whip	1 (0.21%)
計	466

　このデータから分かることがいくつかある。まず，dead を結果述語にとる動詞の数は 11 個であるのに対して，to death を結果述語にとる動詞の数は 86 個である。前者は後者に比べて動詞

の種類が限定されている。

次に，動詞の使用頻度数を見てみると，dead をとる動詞では shoot が全体の 91.07% を占めていて，それ以外の動詞は 3% 以下である。これに対して，to death をとる動詞では，stab, beat がそれぞれ 24.46%，15.87% を占め，それ以外のほとんどの動詞の使用頻度数は 10% 以下であり，さまざまな動詞が幅広く用いられている。

ここで，dead をとる動詞の代表例として shoot の意味的な特徴を見てみよう。この動詞は相手の命を直接的に奪う意味で用いられることがある。次のような shoot の具体的な例を考えてみよう。

(73) a.　Israeli soldiers shot dead three Palestinians and injured more than 60 others.
　　　　(イスラエルの兵士たちは3人のパレスチナ人を銃で撃って死なせ，60人以上の他の人たちに怪我をさせた)
　　b.　GUN shop assistant Peter Lamb shot dead an armed robber who threatened to blast his boss with a sawn-off shotgun.
　　　　(ガンショップの店員のピーターラムは短くしたショットガンで店の主人を撃つぞと脅迫していた武装した泥棒を銃で撃って死なせた)

(73a) は，イスラエルの兵士が 3 人のパレスチナ人を銃で撃って殺したことを表し，(73b) はガンショップの店員が武装した泥棒を銃で撃って殺したことを表している。銃を撃って死なせるというのは，通常，直接的な行為の結果であるので，dead のような形容詞句は動詞の表す行為の直接的な結果状態を表すと考えられる。なお，ここで言う「直接的」というのは，結果状態を引き

起こす主な要因となり，その状態に至らしめるのにそれほど時間を要しないことを意味する。

これに対して，to death をとる動詞として stab, beat の意味的な特徴を見てみよう。これらの動詞の表す行為は直接的に死と結びつくものではなく，時間を要して死に至らしめうるものである。これを確かめるために，次のような例を考えてみると，

(74) a. She stabbed Ben to death with a pair of dress-making scissors and then tried to kill herself.
(彼女はベンを裁ちばさみで刺して殺し，そのすぐ後で自殺しようとした)

b. Until eventually it broke — and a prisoner stabbed two guards to death.
((...)，そして囚人は2人の看守を刃物で刺して死なせた)

(75) a. And I am not talking about the drunken louts who beat their wives to death in a cellar.
(私は地下室で妻を叩いて死なせた酔っ払いについて話しているのではない)

b. A mother who beat her baby daughter to death was convicted of murder yesterday and jailed for life.
(自分の娘の赤ん坊を叩いて死なせた母親は昨日殺人の罪に問われ，終身刑になった)

たとえば，(74), (75) の動詞 stab, beat は「先の尖ったもので刺す」「物でたたく」ことを意味し，通常，この行為だけでは死に至るとは限らない。これらの動詞が結果構文で用いられるのは，このような行為を行った結果，時間の経過により目的語の人物が死に至ったことを表すからだと考えられる。したがって，本

章では次のような仮説を立ててみたい。

(76) 結果述語として形容詞句が用いられる場合，その結果述語は動詞の表す行為の直接的な影響を受けた目的語の結果状態を表す。これに対して，結果述語として前置詞句が用いられる場合，その結果述語は動詞の表す行為の間接的な影響を受けた目的語の結果状態を表す。

この仮説から予測されることは，shoot の場合，相手に直接的に死をもたらすので，結果述語として dead の代わりに to death をとるのは比較的少ないであろうということである。この予測は正しい。なぜなら，(71) と (72) が示すように，shoot が dead と to death をとる頻度数はそれぞれ 408 対 11 であり，to death をとるのはごくまれだからである。また，stab の場合，相手に直接的に死をもたらすことは少ないので，to death の代わりに dead をとるのは比較的少ないだろうと予測される。実際，stab は (71) から分かるように，dead をとった例はない。また，インフォーマントにチェックした結果，stab は dead をとらないという判断を得た。

(77) *John stabbed his girl friend dead yesterday.

次に，(76) の仮説の妥当性を確かめるために，結果述語が sleepy と to sleep の場合について考えてみよう。BNC の検索結果では，これらの結果述語をとる動詞は次のとおりである。

(78) SLEEPY

動　　詞	頻　度　数
make	19 (100%)
計	19

(79) TO SLEEP

動　　　　詞	頻　度　数
put	63 (64.28%)
cry	24 (24.48%)
sing	5 (5.10%)
rock, soothe	3 (3.66%)
drink, send	2 (2.04%)
chant, drive, eat, murmur, mutter, nurse, sob, talk, teach	1 (1.02%)
計	98

このデータから分かることがいくつかある。まず, sleepy をとる動詞は make のみであるのに対して, to sleep をとる動詞の数は 16 個あり, 後者が圧倒的に多い。

次に, 動詞の使用頻度数を見てみると, sleepy をとる動詞は make しかないが, to sleep をとる動詞では, put, cry がそれぞれ 64.28%, 24.48% で使用頻度の大半を占めており, それ以外の動詞は 6% 以下である。

さらに, 動詞と結果述語の関係を考えてみると, 形容詞句の sleepy は通常 I become sleepy. や He looks sleepy. などのように用いられることが多い。しかし, 結果構文では, 次の例のように make を伴う例のみが観察される。

(80) The heavy lunch and the wine had made her sleepy, and she took to her bed the minute they returned, only awakening when the hunger pangs assaulted

her stomach, to see that she had been asleep for over three hours.

(たくさんの昼食を食べ,多くのワインを飲んだため,彼女は眠くなってしまった(…))

使役動詞 make は目的語に直接的に影響を与えることを意味する。したがって,(80)の結果述語 sleepy は「たくさんのランチを食べ,多くのワインを飲んだ」ということが直接的な原因となり,彼女が「眠くなった」という結果を引き起こしている。

一方,前置詞句の to sleep をとる動詞 put, cry の意味的な特徴を考えると,これらの動詞の表す行為は to sleep という状態と直接関係がない。具体的な例は以下のとおりである。

(81) a. In the flat land of the Delta the babies cry themselves to sleep in the airless shade, while everyone else labours in the scintillating sun.

((…)デルタ地方の平地で赤ちゃんたちが風通しの悪い日陰で泣いているうちに寝入ってしまう)

b. I still put myself to sleep by thinking about not lying on a cold pavement covered with newspapers.

(私は新聞紙で覆われた冷たい歩道に横たわらないようにと考えていてもなお眠ってしまった)

たとえば,(81a)では赤ちゃんが泣いていて,そのうちに泣き疲れて眠ってしまったことを表す。眠ったのは,泣くという行為の直接的な結果ではなく,泣くことで疲れてしまったことによる間接的な結果である。(81b)も同様に「眠る」と「考える」ことの間に直接的な因果関係はない。

本節では，結果構文の結果述語として形容詞句と前置詞句が生起した場合，この2種類の結果述語にどのような意味的な違いがあるかについて考察した。その結果，同じような結果状態を示す形容詞句と前置詞句の場合には，結果構文の動詞による影響の仕方によって意味が異なることが分かった。本節では，結果述語としての形容詞句と前置詞句の意味の違いは，(76)のような仮説を立てることによって説明できるのではないかと指摘した。

6. 結果構文の構造

6.1. 結果構文の先行研究

本節では，結果構文の構造について考察する。結果構文については，これまでさまざまな分析が試みられてきた。たとえば，Hoekstra (1988) は，結果構文の動詞が他動詞であれ，自動詞であれ，それに続く(疑似)目的語と結果述語は小節を形成すると主張している。また，Bowers (1997) はミニマリスト・プログラムの枠組みで，上記の小節分析を洗練させて，機能範疇の述部句 (predicate phrase) を用いた分析を提案している。一方，Williams (1980, 1983) は叙述理論 (Predication Theory) に基づき，動詞と(疑似)目的語と結果述語は姉妹関係にあると主張している。また，Rothstein (1985) は述語連結規則 (rule of predicate linking) をたてて，Williams と同じような構造を仮定している。さらに，Carrier and Randall (1992) は他動詞を伴う結果構文の目的語の項性 (argumenthood) について意味的・統語的な考察を行い，結果構文は動詞の種類に関係なく，動詞，それに続く(疑似)目的語と結果述語が3項枝分かれの構造をしていると主張している。これ以外にも事象構造 (event structure)・語彙意味論 (Lexical Semantics)，用法基盤モデル

(Usage-based Model) や構造文法 (Construction Grammar) の枠組みで結果構文を分析したものが数多く提案されている。

本節では，結果構文を統語論的な観点から考察する。特に，結果構文の基底構造とその派生方法について議論する。まず6.2節では，他動詞を伴う結果構文と非能格動詞を伴う結果構文の間に見られる統語的な特徴の類似性と相違性に基づいて，それぞれの構造を提案する。6.3節ではこの構造の派生構造を示し，その構造を仮定すれば，どのような利点があるかについて考察する。6.4節はまとめである。

6.2. 結果構文の構造

4.1節では，結果構文の(疑似)目的語を wh 島から取り出したり，(疑似)目的語の一部を取り出したり，結果述語を wh 島から取り出したり，あるいは，この構文を受動化することに関して，他動詞，非能格動詞の種類を問わず，これらすべてが可能であることを指摘した。以下，議論の便宜上，4.1節で示した例を再録する。

まずその第一は，wh 島 (間接疑問文) からの(疑似)目的語の取り出しに関している。

(82) a. ?Which metal do you wonder who hammered t flat?
　　b. ?Which metal do you wonder whether to hammer t flat?
(83) a. ?Which sneakers do you wonder who ran t threadbare?
　　b. ?Which sneakers do you wonder whether to run t threadbare?

(82)のwh島は他動詞を伴う結果構文であり,(83)の該当する部分は非能格動詞を伴う結果構文である。(82),(83)はそのようなwh島から(疑似)目的語をwh句として文頭に取り出して派生した文であるが,他動詞,非能格動詞に関係なく文法的である。

第二に,次のような結果構文の関係節を考えてみよう。

(84) a. the gang (that) I shot [the leaders of t] dead
　　 b. the trunk (that) I hammered [the lid to t] shut
(85) a. the film (that) the producer talked [the cast of t] to death
　　 b. the shoes (that) I walked [the heels of t] to tatters

(84),(85)は,それぞれ他動詞と非能格動詞を伴う結果構文の(疑似)目的語の一部をwh句として取り出して派生した関係節である。これらの文も動詞の種類に関係なく文法的である。

第三は,wh島から結果構文の結果述語を取り出すことに関している。

(86) a. ?How flat do you wonder whether they hammered the metal t?
　　 b. ?How shiny do you wonder which gems to polish t?
(87) a. ?How threadbare do you wonder whether they should run their sneakers t?
　　 b. ?How hoarse do you wonder whether they sang themselves t?

(86)は,他動詞を伴う結果構文の結果述語をwh島から取り

出した文である。また (87) は，非能格動詞を伴う結果構文の結果述語を wh 島から取り出した文である。これらの文も動詞の区別に関係なく文法的である。

　第四は受動態に関している。一般に，典型的な受動態に用いられる動詞は他動詞である。それを念頭に入れて，次のような結果構文の受動態を見てみよう。

(88) a. The seedlings were watered t flat.
　　 b. Those cookies were broken t into pieces.
(89) a. Her Nikes have been run t threadbare.
　　 b. We had been talked t into a stupor.

(88) は他動詞を伴う結果構文から派生された受動態である。また (89) は，非能格動詞を伴う結果構文から派生された受動態である。これらの結果構文の受動態は，動詞の種類を問わず，文法的な表現である。

　以上のように，結果構文では，動詞が他動詞，非能格動詞に関係なく，wh 島からその(疑似)目的語や結果述語を取り出すことができるし，(疑似)目的語の一部を取り出したり，受動態にすることもできる。このことより，次のような一般化が得られるであろう。

(90)　結果構文に生じる非能格動詞は他動詞と同じように振る舞う。

　このことをミニマリスト・プログラムの枠組みで捉えるならば，(91) のような他動詞と非能格動詞を伴う結果構文の構造は，(92) のようになるだろう。なお，ここでは説明の都合上，関連する部分のみを示す。

(91) a. John broke the door open.
　　 b. Richard ran his Nikes threadbare.

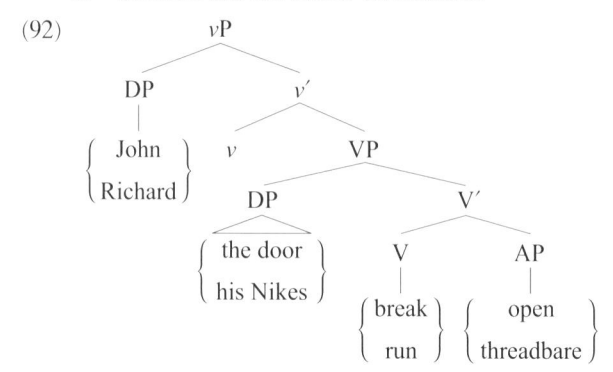

(92)
```
                    vP
                   /  \
                 DP    v'
                 |    /  \
              ⎧John⎫  v   VP
              ⎩Richard⎭   /  \
                        DP    V'
                        |    /  \
                   ⎧the door⎫ V   AP
                   ⎩his Nikes⎭ |   |
                              ⎧break⎫ ⎧open⎫
                              ⎩run  ⎭ ⎩threadbare⎭
```

　(92)のV（動詞）は，V′, VPと投射し，VPに直接支配されているDP（限定詞句）は目的語である。また，v（軽動詞）は，v', vP（軽動詞句）と投射し，vPに直接支配されているDPは主語である。（ここでは，主語が動詞句内に基底生成されるという動詞句内主語仮説（VP Internal Subject Hypothesis）を採用している。）なお，V, vはそれぞれVP, vPの主要部（head）と言い，目的語，主語のDPはそれぞれVP, vPの指定部（Specifier）と言う。また，AP（形容詞句），VPはそれぞれV, vの補部と言う。

　(92)の動詞break, runは，Chomsky (2005)によると，いわゆる語根を表し，これが軽動詞vと結びつくことによって他動詞となる。これは，arriveの場合vと結びつくと動詞になり，nと結びつくと名詞arrivalになるのと同じである。(92)の場合には，軽動詞vは他動詞化に貢献する接辞であるので，runと結びついてこれを他動詞化する。したがって，(92)を仮定するならば，非能格動詞を伴う結果構文が上記の四つの事実において他動詞を伴う結果構文と同じような振る舞いをすることは自動的

に説明できる。

次に，他動詞を伴う結果構文と非能格動詞を伴う結果構文の異なる点を考えてみよう。4.2 節で指摘したように，これら 2 種類の結果構文の間に四つの違いが観察されている。以下，説明の便宜上，関連する例を再録する。ただし，本節ではそのうちの三つを取り上げ，残りの一つは次節で議論する。

まず第一の違いは，形容詞的受動に関するものである。一般に，動詞の受動分詞は，a broken heart や a hidden meaning のように，名詞の前に生起し，その名詞を修飾する場合がある。これを念頭に入れて，次のような例を考えてみよう。

(93) a. the stomped-flat grapes
　　 b. the spun-dry sheets
(94) a. *the danced-thin soles
　　 b. *the run-threadbare Nikes

(93)，(94) では，それぞれ他動詞や非能格動詞の受動分詞と結果述語が複合語を形成して，名詞を修飾している。文法的な表現は他動詞の場合のみである。

第二の違いは，動詞の名詞化表現に関している。動詞の名詞化表現（たとえば，The solving of the problem was very difficult. や The building of the bridge costs very much.）を考えてみよう。ここでも非能格動詞を伴う結果構文と他動詞を伴う結果構文の間に文法性の違いが見られる。

(95) a. The watering of tulips flat is a criminal offense in Holland.
　　 b. The slicing of cheese into thin wedges is the current rage.

(96) a. *The drinking of oneself sick is commonplace in one's freshman year.
　　b. *The talking of your confidant silly is a bad idea.

(95), (96) では，それぞれ他動詞と非能格動詞が名詞化され，それに of を伴う名詞句と結果述語が続いている。ここでも他動詞を名詞化した文だけが文法的である。

このように形容詞的受動化と名詞化において文法性の違いが見られることは，他動詞を伴う結果構文の構造と非能格動詞を伴う結果構文の構造が異なることを示している。したがって，(92) で提案した構造は上記の事実を説明するために修正する必要がある。

そこで，次のような例を考えてみよう。

(97) a. *the stomped-completely-flat grapes
　　b. *the watering of tulips quite flat

(97a, b) はそれぞれ (93a), (95a) の他動詞と結果述語の間に強意語の completely, quite を入れたものである。(97) は非文法的であるので，他動詞と結果述語の間には要素が介在してはならない。

このことより，非能格動詞を伴う結果構文より派生された (94), (96) の非文法性は，疑似目的語と結果述語が隣接していないことに起因しているのではないかと推定される。この推定が正しいならば，(92) のような非能格動詞を伴う結果構文の構造は，次のようなものであると考えられる。なお，(98) の pro は，後述するように，his Nikes を指す。

(98)
```
            vp
           /  \
         DP    v'
          |   /  \
       Richard v  VP
                 /  \
                DP   V'
                 |  /  \
            his Nikes V  AP
                      |  / \
                     run NP  A
                         |   |
                        pro threadbare
```

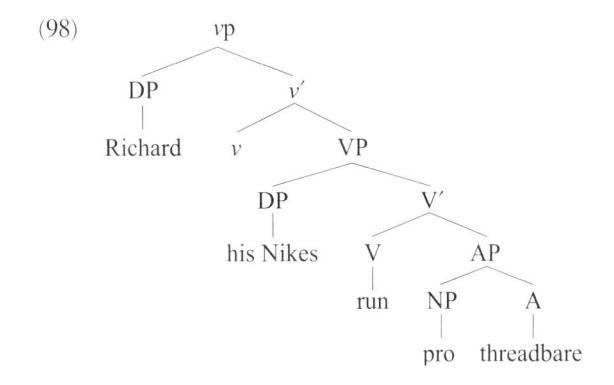

(98) では，非能格動詞と結果述語が構造的に隣接していない。したがって，一方で他動詞を伴う結果構文の構造として (92) を，他方で非能格動詞を伴う結果構文の構造として (98) を仮定すれば，(93), (95) が文法的であり，(94), (96) が非文法的であることは自動的に捉えられる。すなわち，形容詞的受動化や名詞化は，要素と要素が隣接している場合のみ適用されるとすれば，(92) では動詞と結果述語が構造的に隣接しているので，(93), (95) のような文が文法的な表現として派生される。これに対して，(98) では，この二つ要素が構造的に隣接していないので，(94), (96) のような文が非文法的な表現となる。

第三の違いは，中間構文に関している。中間構文とは，第 1 章で考察したように，形式的には能動態であるが，意味的には受動態の文を言う。これを踏まえて，結果構文をもとにした次のような中間構文を考えてみよう。

(99) a. New seedlings water flat easily.
　　 b. Those cookies break into pieces easily.
(100) a. *Competition Nikes ran threadbare easily.
　　　b. *Delicate feet walk to pieces easily.

(99) は他動詞を伴う結果構文から派生された中間構文であり，(100) は非能格動詞を伴う結果構文から派生された中間構文である。文法的な表現はやはり後者である。

このような違いはどのように説明できるだろうか。たとえば，他動詞は主語に動作主を要求するが，中間構文に用いられると，その主語に被動者を要求する。第1章で述べたように，この主語は動詞の表す行為によって何らかの直接的な影響を受けたものでなければならない。

(101) a.　This glass smashes easily.
　　　b. *This glass hits easily.

(Roberts (1987: 215))

これは (99) のような他動詞を伴う結果構文でも同じである。しかし，非能格動詞を伴う結果構文の目的語は疑似目的語と呼ばれ，動詞の行為の影響を直接的に受けるものではない。換言すると，(100) では被動者を担うことのできない要素が中間構文の主語に生起している。これは中間構文が主語に要求する主題役割ではない。したがって，(100) は非文法的となっていると考えられる。

6.3. 結果構文の派生構造

本節では，他動詞を伴う結果構文の構造 (92) と非能格動詞を伴う結果構文の構造 (98) の派生構造について考える。

Lasnik (2003)，Hornstein (2009)，Miyagawa (2010) などによると，動詞と目的語はそれぞれ軽動詞 v とその指定部に顕在的に繰り上がり，指定部—主要部一致により，目的語に対格の値が付与される。本節ではこの提案を採用する。そうすると，(92), (98) はそれぞれ以下のような構造になる。

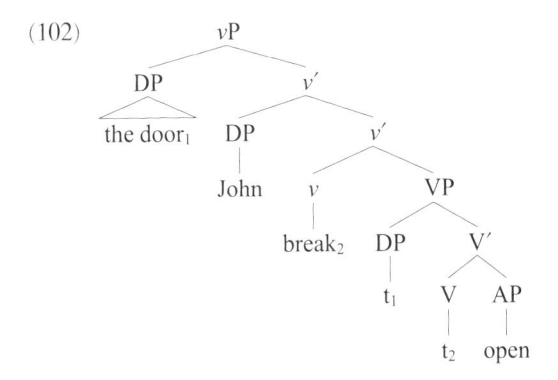

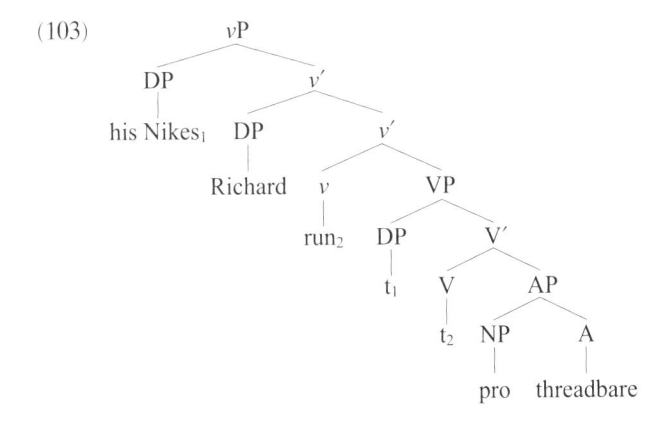

(102)
```
              vP
            /    \
          DP      v'
         /  \    /  \
    the door₁ DP    v'
              |    /  \
             John v     VP
                  |    /  \
                break₂ DP   V'
                       |   /  \
                       t₁ V    AP
                          |     |
                          t₂  open
```

(103)
```
              vP
            /    \
          DP      v'
           |     /  \
      his Nikes₁ DP   v'
                 |   /  \
              Richard v   VP
                      |  /  \
                    run₂ DP   V'
                         |   /  \
                         t₁ V    AP
                            |   /  \
                            t₂ NP   A
                               |    |
                              pro threadbare
```

　この構造を仮定する理由は，次のような例の文法性がこの構造によって簡単に説明できるからである．

(104) a. I saw two men [_PP on each other's birthday].
　　　　（私は2人の男をお互いの誕生日に見た）

(Lasnik (2003: 44))

　　　b. The DA accused the defendants [_PP during each other's trials].

(その地区の弁護士はその被告人たちをお互いの裁判で告訴した)

(Lasnik and Saito (1991: 328))

(104) では，相互代名詞 each other が動詞句を修飾する前置詞句の中にある。この相互代名詞は目的語の先行詞を必要とするが，目的語がこの位置のままでは，先行詞になれない。なぜなら，先行詞は相互代名詞より高い位置になければならないからである。これを専門的な用語で表現すると，先行詞は相互代名詞を非対称的に C 統御（構成素統御）しなければならない，ということになる。

そこで，C 統御について簡単に説明すると，これは次のように定義される。

(105) C 統御

次の条件を満たすとき，α は β を C 統御する。

(i) α が β を支配せず，

(ii) α を支配する最初の枝分かれ節点が β を支配している。

(105) の C 統御の定義は，Radford (2004: 91) の示す電車のメタファーを用いると理解しやすい。すなわち，「α 駅から北行きの電車に乗り，最初の駅で南行きの電車に乗り換えて β 駅に着いたならば，α は β を C 統御する」という。

ここで，説明の便宜上，(104) の関連する構造のみを示すと次のようになる。

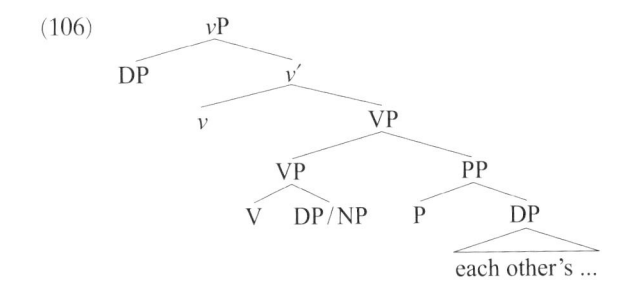

(106)
```
            vP
          /    \
        DP      v'
               /  \
              v    VP
                  /  \
                VP    PP
               /  \   / \
              V  DP/NP P  DP
                          |
                       each other's ...
```

(104) の前置詞句 (PP) は動詞句 (VP) を修飾しているので，(106) では動詞句に付加されている。

そこで目的語の限定詞句 (DP) ／名詞句 (NP) が相互代名詞をC統御することができないことを電車のメタファーで説明すると，次のようになる。すなわち，この限定詞句／名詞句から北行きの電車に乗り，最初の駅である動詞句 (下の VP) で南行き電車に乗り換えると，each other に着くことはできない。したがって，限定詞句／名詞句は相互代名詞をC統御することはできない。

(104) は文法的であるので，先行詞は相互代名詞を非対称的にC統御しなければならない。そこで，(106) の限定詞句／名詞句が，(102), (103) のように，vP の指定部に繰り上がるならば，この限定詞句／名詞句は相互代名詞を非対称的にC統御することができる。その結果，(104) は文法的な文であると説明できる。

(102), (103) のように，目的語が vP の指定部に繰り上がるならば，次の四つの事実が簡単に説明できるようになる。第一は，非能格文を伴う結果構文の疑似目的語の格に関している。他動詞を伴う結果構文の派生構造 (102) では，vP 指定部にある目的語がその主要部 v と一致することにより，目的語に対格の値が付与される。同様に，非能格動詞を伴う結果構文の派生構造

(103)においても，vP 指定部にある疑似目的語がその主要部 v と一致することにより，疑似目的語に対格の値が付与される。したがって，非能格動詞を伴う結果構文の目的語には対格標示の要素が生起することが予測される。この予測が正しいかどうかを確認するために，以下のような文を考えてみよう。

(107) a. Oliver was led away to a large room, where, on a rough hard bed, he cried himself to sleep. (BNC)
((…)，でこぼこした硬いベッドの上で，彼は泣いているうちに寝入ってしまった)

b. But he loved us and he worked himself to death for us. (BNC)
(しかし彼は私たちを愛していた。そして私たちのために彼は働きすぎて死んでしまった)

(107)は非能格動詞 cry, work を伴う結果構文であり，その疑似目的語の格は himself から分かるように対格である。(103)では，vP の指定部―主要部の一致により，疑似目的語は対格の値が付与されるので，(107)の事実は説明可能になる。

第二は，いわゆる結果構文の直接目的語制限に関係する。周知のごとく，結果構文には直接目的語が存在しなくてはならず，もしそれが前置詞句と置き換わっていた場合には，その結果構文は非文法的になる。

(108) a. *The winemakers stomped on the grapes flat.
b. The winemakers stomped the grapes flat.
(109) a. *The professor lectured to class into a stupor.
b. The professor lectured class into a stupor.

(108a), (109a)では，軽動詞 v は指定部―主要部一致を受け

ることができない。なぜなら，目的語が存在せず，vP 指定部に何も繰り上がらないからである。ミニマリスト・プログラムでは，v は解釈されない素性 (性，数，人称) をもっており，それが一致を受けず削除されないままであれば，その文は非文法的になる，と仮定されている。この仮定により，(108a), (109a) は非文法的となる。一方，(108b), (109b) では，動詞に続く限定詞句／名詞句 (それぞれ the grapes と class) が vP 指定部に繰り上がる。また，動詞 stomp/lecture も軽動詞 v に繰り上がる。その結果，指定部—主要部一致によって，v の解釈されない素性 (性，数，人称) と限定詞句／名詞句の解釈できる素性 (性，数，人称) が照合を受けて，v の解釈されない素性が削除される。また，同時に限定詞句／名詞句に対格の値が付与される。したがって，(108b), (109b) の構造は適切な文として派生されることになる。

また，同じようなことが次の文でも当てはまる。

(110) a. *John shouted hoarse.
      b. John shouted himself hoarse.

(110a) では目的語が存在しない。したがって，軽動詞 v は指定部—主要部の一致を受けることはなく，その解釈されない要素は残ったままになる。その結果 (110a) は非文法的である。これに対して，(110b) には himself という目的語が存在するので，軽動詞 v の解釈されない素性はこの himself によって照合を受ける。したがって，(110b) は適切な文として派生されることになる。

第三は，数量詞遊離現象に関している。この現象は，all, each, both などの数量詞がそれが修飾する名詞句から遊離するものである。これについてはこれまで多くの分析が提案されているが，たとえば，Sportiche (1988) によれば，(111a) の派生は (111b) のようになる。

(111) a. The children have all seen this movie.
b. [TP [DP The children]i have [vP [DP all ti] seen this movie]].

すなわち，主語の all the children は動詞句内主語仮説により vP 指定部に基底生成されるが，この主語が TP (T は時制要素であり，TP は文を表す) 指定部に移動するとき，数量詞 all が移動せず vP 内にとどまる。このような移動によって生じた現象を数量詞遊離現象と言う。

ここで，結果構文における数量詞遊離現象について考えてみよう。たとえば，Bowers (1997) によると，この構文には結果構文の動詞の種類に関係なく数量詞遊離現象が許される。

(112) a. The gardeners watered the tulips all flat.
b. The Jogger ran his Nikes both threadbare.

(Bowers (1997: 56))

このことは，派生構造 (102)，(103) を仮定すれば，簡単に説明できる。すなわち，この仮定で想定される (112a, b) の構造は，(113a, b) のようになるであろう。

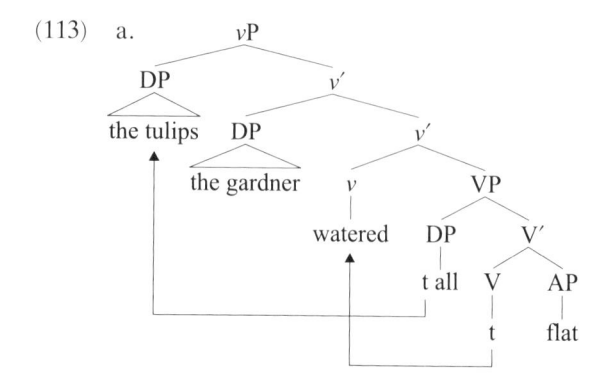

(113) a.

```
                vP
          ┌──────┴──────┐
         DP             v′
      the tulips    ┌───┴───┐
                   DP       v′
                the gardner ┌──┴──┐
                            v     VP
                         watered ┌─┴─┐
                                DP   V′
                               t all ┌┴┐
                                     V AP
                                     t flat
```

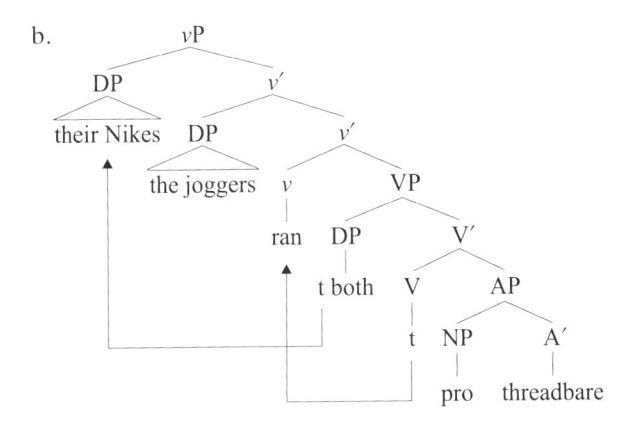

b.
```
           vP
         /    \
       DP      v'
      /  \    /  \
 their Nikes DP   v'
            /  \  / \
      the joggers v   VP
                ran  /  \
                    DP   V'
                  t both / \
                        V   AP
                        t  /  \
                          NP   A'
                          |    |
                         pro threadbare
```

　(113)で示されるように，(疑似)目的語が移動する際，数量詞だけが移動せずにもとの位置にとどまっている。したがって，(102), (103)の構造を仮定することにより，(112)の事実は説明可能となる。

　第四は，前節で議論しなかった他動詞を伴う結果構文と非能格動詞を伴う結果構文の違いに関するものである。具体的には，結果構文の(疑似)目的語と結果述語の間における副詞句や前置詞句の介在可能性についてである。

(114) a. I folded it quickly [$_{AP}$ triangular].
　　　b. John shaped it quickly [$_{PP}$ into a dog].
(115) a. *She cried herself frantically blind.
　　　b.*?She danced herself in high heels tired.

　(114)は，他動詞を伴う動詞の結果構文であり，目的語と結果述語の間に副詞句 quickly が介在している。ここで，(114a)を詳しく見てみよう。(114a)の triangular は，一般には，右方に移動していると考えられている。この移動は外置化と呼ばれる。

したがって，この文は次のような構造をもつと想定される。

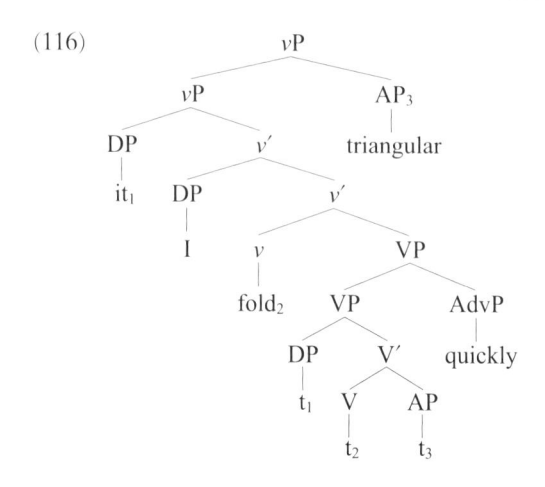

(116)

```
                    vP
                   /  \
                 vP    AP₃
                /  \    |
              DP    v'  triangular
              |    /  \
             it₁  DP   v'
                  |   /  \
                  I  v    VP
                     |   /  \
                   fold₂ VP  AdvP
                        /  \   |
                      DP   V'  quickly
                      |   /  \
                      t₁ V    AP
                         |    |
                         t₂   t₃
```

(116) では，副詞句 quickly は動詞句 VP を修飾するので，動詞句に付加されている。また，triangular は外置化されているので，vP に付加されていると考えられる。このような vP 付加を考える理由は，次の文が非文法的であることによる。

(117) a. *I saw two men incidentally [_PP on each other's birthdays].
   b. *The DA accused the defendants severely [_PP during each other's trials].

(117) では，前置詞句が外置化されている。もし (117) が (116) のような構造をもつならば，vP 指定部に繰り上がった先行詞 two men, the defendants は外置化された前置詞句の中の each other を非対称的に C 統御できない。その結果，(117) は非文法的であると説明できる。

これに基づいて，(115a) を考えると，この文は (118) のよう

な構造をもつと想定される。

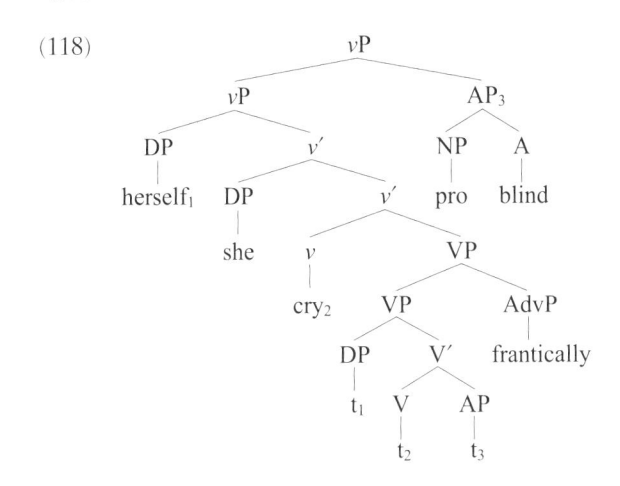

(118)
```
                    vP
           ┌─────────┴─────────┐
          vP                  AP₃
       ┌───┴───┐           ┌───┴───┐
      DP       v'          NP      A
   herself₁ ┌──┴──┐        pro    blind
           DP     v'
           │   ┌──┴──┐
          she  v     VP
              cry₂ ┌─┴──┐
                   VP   AdvP
                ┌──┴──┐ frantically
                DP    V'
                │   ┌─┴─┐
                t₁  V   AP
                    │   │
                    t₂  t₃
```

pro の指示性は，通常，それを非対象的に C 統御している要素によって決定される。しかし，(118) の pro はその先行詞の herself によって非対象的に C 統御されていない。したがって，pro の指示性が決定されず，この文は非文法的であるということになる。

このように，他動詞と非能格動詞を伴う結果構文の派生構造として (102) と (103) を仮定するならば，以上の四つの事実を説明することができる。

6.4. まとめ

本節では，結果構文を統語的な観点から考察した。6.2 節では，他動詞を伴う結果構文と非能格動詞を伴う結果構文の統語的な類似性と相違性に着目し，それらを説明するための構造を提案した。また 6.3 節では，その派生構造を示し，この構造を仮定することによって生じる利点を指摘した。

7. 結び

本章では，結果構文の意味的・統語的な特徴について考察した。まず 2 節では，他動詞を伴う典型的な結果構文を取り扱い，この構文のテンプレートを示した。また 3 節では，通常とは異なる目的語をとる他動詞や非能格動詞を伴う非典型的な結果構文を取り扱い，これらの動詞を伴う結果構文はこのテンプレートに合せて目的語と結果述語をとった場合に成立することを示した。4 節では，他動詞を伴う結果構文と非能格動詞を伴う結果構文の統語的な類似性と相違性について考察した。この二つの結果構文では，(疑似)目的語，結果述語を wh 島から取り出すことや受動態に変換することができる点で類似している。しかし，形容詞的受動，中間構文，名詞化表現，そして目的語と結果述語の間の副詞句や前置詞句の介在可能性については，相違点が見られた。5 節では，同じ動詞が結果述語として形容詞句をとった場合と前置詞句をとった場合とでは，どのような意味の違いが見られるかについて考察した。そして，6 節では他動詞を伴う結果構文と非能格動詞を伴う結果構文の構造について考察した。

これまで述べてきたように，結果構文は統語的にも意味的にもさまざまな興味深い点が見られる。本章はその一部についてできるだけ具体的な例をあげながら説明を試みた。この構文に興味ある読者に少しでも理解の助けになればと願っている。

第 3 章

二重目的語構文

1. はじめに

第2章で述べたように，英語の文から修飾語句を取り除き，それが成立するための必要不可欠な要素だけにすると，その構造は限られた数の基本的な文型にまとめられる。これは学校文法では5文型と呼ばれ，英語の基本文型を教える際に大いに役立っている。本章では，この英語の5文型のうち第4文型（二重目的語構文：主語＋動詞＋間接目的語＋直接目的語）を取り扱い，その意味的・統語的な特徴について考察することにしたい。

具体的な事例を検討する前に，二重目的語構文の一般的な特徴を考えてみよう。二重目的語構文には，概観すると，次のような七つの特徴が見られる。

まず第一に，二重目的語構文には，前置詞の to や for を用いて書き換えることができる場合がある。この構文は一般に to/for 与格構文と呼ばれている。

(1) a. John gave Mary a book.
   （ジョンはメアリーに本をあげた）
   b. John gave a book to Mary.
(2) a. John bought his son a toy.
   （ジョンは自分の息子に玩具を買った）
   b. John bought a toy for his son.
   （ジョンは自分の息子のために玩具を買った）

第二に，二重目的語構文の間接目的語と直接目的語の間には所有関係があると言われている。たとえば，(1a) では John は Mary に本を与えた結果，彼女はその本を所有したことが含意される。(2a) においても同様で，John は自分の息子に玩具を買った結果，その息子はその玩具を所有したことが含意される。

第三に，二重目的語構文の間接目的語と直接目的語の間には非対称的な C 統御関係がある。

(3) a. I showed Mary herself.
   （私はメアリーに自分自身（自分の姿）を見せた）
   b. *I showed herself Mary.

(Larson (1988a: 336))

ここで，「Mary が怪我をした」という英語の文を考えると，Mary hurt herself. のように再帰代名詞を用いて表現する。再帰代名詞 herself は言うまでもなく Mary を指す。しかし，このような文では Mary と herself の順序が大切であり，逆の順序にして *Herself hurt Mary. にすると非文法的になる。生成文法では，このことを説明するために C 統御（詳しくは第 2 章 6 節を参照）という概念を用いる。Mary hurt herself. では，主語の Mary が目的語の herself を非対称的に C 統御し，*Herself hurt Mary. では目的語の Mary が主語の herself を非対称的に C 統御していないとすれば，この C 統御関係は (3) のような二重目的語構文に当てはまると言える。すなわち，(3a) では Mary が herself を非対称的に C 統御しているのでこの文は文法的であるが，(3b) では Mary が herself を非対称的に C 統御していないので，この文は非文法的であると説明することができる。

第四に，二重目的語構文の直接目的語は取り出すことができるが，間接目的語は取り出すことができない。なお，(4) の t は wh 句の移動により生じた痕跡を表す。

(4) a. What did you give John t?
   （あなたはジョンに何を与えましたか）

b. *Who did you give t a letter?

第五に，無生物主語を伴う二重目的語構文では，to/for 与格構文に書き換えることが一般に困難であると言われている。

(5) a. The war years gave Mailer his first big success.
   (その戦争時代のお陰でメイラーは最初の大成功をおさめることができた)
   b. *The war years gave his first big success to Mailer.
   (Pesetsky (1995: 193))
(6) a. The bloodstains told us a story of terror.
   (その血痕は私たちに恐ろしい話を物語っていた)
   b. *The bloodstains told a story of terror to us.
   (Green (1974: 104))

第六に，このような無生物主語を伴う二重目的語構文においても間接目的語と直接目的語の間に所有関係は存在する。たとえば，(5a) では，戦争時代であったため，メイラーは最初の成功を手に入れたことが含意される。(6a) も同様である。

第七に，無生物主語を伴う二重目的語構文では，後方束縛現象が観察される。

(7) a. Pictures of himself give John the creeps.
   (自分自身の写真がジョンをぞっとさせる)
   (Pesetsky (1995: 44))
   b. *Each other's friends gave John and Mary a present.

(7a) と (7b) の違いは，主語が無生物であるか有生物であるかにある。(7a) から分かるように，主語が無生物である場合，

Johnを指すhimselfがこれに先行することができる。このような束縛を後方束縛現象という。主語が有生物である場合には，(7b)のように後方束縛現象は見られない。

以上，まとめると二重目的語構文は次のような意味的・統語的な特徴をもっている。

(8) a. 二重目的語構文は，to/for 与格構文との交替が可能な場合がある。
b. 二重目的語構文では，間接目的語と直接目的語の間に所有関係が見られる。
c. 二重目的語構文では，間接目的語と直接目的語の間に非対称的な C 統御関係が成立する。
d. 二重目的語構文では，直接目的語を取り出すことはできるが，間接目的語は取り出せない。
e. 無生物主語を伴う二重目的語構文では，to/for 与格構文との交替が制限される。
f. 無生物主語を伴う二重目的語構文では，間接目的語と直接目的語の間に所有関係が見られる。
g. 無生物主語を伴う二重目的語構文では，後方束縛現象が観察される。

本章では，上記のことを念頭に入れながら，二重目的語構文の意味と構造について考察する。2節では，二重目的語構文と与格構文の交替を許す動詞と許さない動詞について議論する。3節では二重目的語構文の意味的な特徴を考え，4節では二重目的語構文の統語的な特徴や構造について考える。5節では，二重目的語構文における目的語の取り出し可能性，受動態，そして情報構造等について議論する。6節から9節までは無生物主語を伴う二重目的語構文について考察する。特に，この二重目的語構文に生起

する動詞の種類と具体的な例，意味的な特徴，与格構文への交替可能性，そして後方束縛現象等について考える。10節は結びとする。

2. 動詞の種類

2.1. 与格交替を許す動詞

二重目的語構文に生じる動詞には，to あるいは for を伴う与格構文 (Dative Construction) に書き換えられるものがある。ここでは，前者を to クラス動詞，後者を for クラス動詞と呼ぶことにする。まず，to クラス動詞を考えると，次のような動詞類がある。

(9) to クラス動詞
   a. give 類:
      give, advance, award, cede, concede, entrust, feed, lease, lend, loan, sell, serve, etc.
   b. bring 類:
      bring, carry, drag, hand, haul, pass, pull, push, take, etc.
   c. send 類:
      send, fling, float, forward, hurl, lower, mail, push, relay, roll, ship, shove, slide, throw, toss, etc.
   d. read 類:
      read, ask, cite, preach, quote, teach, tell, show, write, etc.
   e. radio 類:

　　　　　radio, cable, gesture, mail, relay, shout, telegraph, telephone, wire, etc.
　　f.　promise 類:
　　　　　promise, allot, assign, bequeath, grant, guarantee, leave (「譲る」の意味), offer, owe (「支払いの義務がある」の意味), permit, etc.

(Green (1974: 80-91))

　(9a) は give 類である。この種の動詞が二重目的語構文に生じる場合には，直接目的語は具体的なものでも，あるいは，抽象的なものでもよい。

　(9b) は bring 類である。この種の動詞は，bring や take の意味を内包していて，「この類の動詞の表す行為を行うことによって何かを{もってくる，もっていく}」({bring, take} by means of V-ing) という意味を表す。たとえば，drag のような動詞であれば，「「引きずる」ことによって{もってくる，もっていく}」のような意味を表す。この動詞の特徴は物質の移動を表すことである。

　(9c) は send 類で，基本的には「この類の動詞の表す行為を行うことによってあるものを送る」(send by V-ing) という意味をもつ。たとえば，mail という動詞であれば，「「郵送する」ことによってあるものを送る」という意味をもつ。

　(9d, e) は伝達動詞と呼ばれるものである。(9d) は read 類で，直接目的語はジョークや物語などの話の内容，証拠や議論，手紙，ニュースなどのメッセージや情報などである。一方，(9e) は radio 類で，電話，電報などの道具を用いて情報や答えなどを伝える動詞である。

　そして，(9f) は promise 類で，将来において何かを所有する

という意味をもつ動詞である。

ここで，(9) の to クラス動詞の具体的な例を示すと，次のとおりである。

(10) a. I gave John a book.　(⇒(9a))
   (私はジョンに本をあげた)
   I gave a book to John.
  b. I brought him his lunch.　(⇒(9b))
   (私は彼に昼食をもってきた)
   I brought his lunch to him.
  c. I sent the teacher a letter.　(⇒(9c))
   (私はその先生に手紙を送った)
   I sent a letter to the teacher.
  d. Please read me a book.　(⇒(9d))
   (どうか私に本を読んでください)
   Please read a book to me.
  e. John telegraphed her a message.　(⇒(9e))
   (ジョンは彼女に知らせを電報で伝えた)
   John telegraphed a message to her.
  f. He promised me the money.　(⇒(9f))
   (彼は私にそのお金をくれると約束した)
   He promised the money to me.

for クラス動詞を考察する前に，動詞 give について少し詳しく見てみよう。動詞 give は直接目的語が (10a) のように具体的なものであれば，to 与格構文に書き換えることができる。しかし，そうでない場合には，to 与格構文に書き換えることはできない。そのような例を以下で考えてみよう。

まず，目的語が病気や痛みや肉体的な損傷などで，しかも動詞

give が意図的に「与える」という行為ではなく，無意識的に「与えた」という結果状態を表す場合，つまり，行為動詞ではなく状態動詞のように使われている場合には，to 与格構文にはならない。

(11) a.　Susan gave Bill {the measles, a cold}.
　　　　　（スーザンはビルに{はしか, 風邪}をうつした）
　　b.　*Susan gave {the measles, a cold} to Bill.
(12) a.　Susan gave Bill {a pain, a broken arm}.
　　　　　（スーザンは{ビルに苦痛を与えた, ビルを骨折させた}）
　　b.　*Susan gave {a pain, a broken arm} to Bill.

(11), (12) で共通しているのは，直接目的語が相手に与えられるような具体的な物ではないことである。

(11), (12) の give は無意図的な行為であるが，意図的な行為でも to 与格構文に書き換えることができない場合がある。たとえば，目的語が肉体的な接触を表す場合には，to 与格構文に書き換えられない。

(13) a.　Bill gave Susan {a kiss, a bath}.
　　　　　（ビルは{スーザンにキスをした, スーザンを入浴させた}）
　　b.　*Bill gave {a kiss, a bath} to Susan.
(14) a.　Bill gave Susan {a punch, a shove}.
　　　　　（ビルはスーザンを{なぐった, 乱暴に突いた}）
　　b.　*Bill gave {a punch, a shove} to Susan.

(13), (14) においても，直接目的語は相手に譲渡できないものである。これらの文で興味深いことは，(13a), (14a) の二重目的語構文が，直接目的語の名詞を動詞にすることによって，次のような文（第3文型）に書き換えられることである。

(15) a. Bill {kissed, bathed} Susan.
　　 b. Bill {punched, shoved} Susan.

さらに,「うなずき」「会釈」「猛反対」「小言」などを相手に伝える場合にも, to 与格構文に書き換えることはできない。

(16) a. John gave Mary {a nod, some flak}.
　　　　　（ジョンは{メアリーに会釈した, メアリーを非難した}）
　　 b. *John gave {a nod, some flak} to Mary.
(17) a. John gave Mary {a talking-to, a dirty look}.
　　　　　（ジョンは{メアリーに小言を言った, メアリーをじろじろと見た}）
　　 b. *John gave {a talking-to, a dirty look} to Mary.

この場合にも, 目的語は相手に譲渡できないものである。

このようなことから, give は目的語が譲渡可能な具体的な物である場合には to 与格構文に書き換えることができるが, 譲渡不可能な場合には to 与格構文に書き換えることはできない, と言えるようである。

次に, 二重目的語構文を for 与格構文に書き換えることを許す for クラス動詞について考察してみよう。このクラスの動詞には次のようなものがある。

(18)　for クラス動詞
　　 a. make 類:
　　　　make, bake, boil, burn, cook, crush, draw, knit, paint, roast, sew, smash, etc.
　　 b. buy 類:
　　　　buy, choose, find, gather, get, leave, lose, pick out, purchase, save, etc.

c. sing 類:
sing, chant, dance, play, recite, etc.
d. earn 類:
earn, gain, win, etc.
e. move 類:
move, crush, cry, kill, etc.

(Green (1974: 92-96))

(18a) の動詞の多くは物を創造するという意味をもつ。ただし，burn, crush, smash は破壊的な行為を表すが，それでも行為自体やその結果がある意味で芸術的であることを意図するような行為を表す。これについては後述する。

(18b) の動詞は基本的に，「手に入れる」「とっておく」というような意味をもつ。(18c) は芸術的な行為を表す動詞である。(18d) は，無生物主語を伴う二重目的語構文に生じる動詞である。(無生物主語を伴う二重目的語構文については，6節以下で詳しく論じる。) そして，(18e) の動詞は象徴的な行為を表す。

では，(18) の for クラス動詞は具体的にどのような二重目的語構文に用いられるか見てみよう。

(19) a. Mary baked him a cake. (⇒(18a))
    (メアリーは彼にケーキを焼いてあげた)
    Mary baked a cake for him.
    (メアリーは彼のためにケーキを焼いた)
   b. John bought his son a toy. (⇒(18b))
    (ジョンは自分の息子に玩具を買ってあげた)
    John bought a toy for his son.
    (ジョンは自分の息子のために玩具を買った)
   c. Peter played me a Beethoven sonata. (⇒(18c))

(ピーターは私にベートーベン奏鳴曲を演奏してくれた)

Peter played a Beethoven sonata for me.

(ピーターは私のためにベートーベン奏鳴曲を演奏した)

d. His courage won him fame. (⇒(18d))

(彼に勇気があったため、彼は有名になった)

*His courage won fame for him.

e. They're going to kill Reagan a hippie. (⇒(18e))

(彼らはレーガンのためだったらヒッピーでも殺すつもりです)

They're going to kill a hippie for Reagan.

((e): Green (1974: 95))

(18a) の make 類の中で burn, crush, smash は、破壊的な行為を表す。しかし、これら動詞は行為者の意図的な行為を表すので、二重目的語構文に用いられると、すでに述べたように、その行為自体、あるいは、その結果が芸術的であることを含意する。

(20) a. Mary burned John a steak because she thought he liked it that way.

(メアリーはジョンにステーキを見事に焼いてあげた。なぜなら、彼女は彼がそのようなのが好きだと思ったからである)

b. *Mary burned John a steak because she didn't realize he liked it that way.

これに対して、for 与格構文にはそのような意味はない。

(21) a. Mary burned a steak for John because she thought he liked it that way.

(メアリーはジョンのためにステーキを焼いた。なぜなら、

彼女は彼がそれをそのようにするのが好きだと思ったからである）

b. Mary burned a steak for John because she didn't realize he liked it that way.
   (メアリーはジョンのためにステーキを焼いた。なぜなら，彼女は彼がそれをそのようにするのが好きではないと思ったからである)

(Green (1974: 92))

また，(18c) の sing 類の動詞の中で，play「演奏する」はある種の楽器を想起させ，二重目的語構文に用いられる。これに対して，blow「吹く」には特定の楽器を想起させず単なる行為動詞であるので，二重目的語構文には用いられない。むしろ，この動詞は二重目的語構文よりも，for 与格構文に用いられる。

(22) a. Won't you play me some Chopin?
   (私のためにショパンの曲を演奏していただけませんか)
   b. Won't you play some Chopin for me?
(23) a. *She blew us her trombone.　(Green (1974: 94))
   b. She blew her trombone for us.
   (彼女は私たちのためにトロンボーンを吹いてくれた)

(18d) の earn 類の動詞は for クラス動詞に入れたが，実際には for 与格構文には書き換えられない。したがって注意を要する。ここに入れた理由は，この種の動詞を含む二重目的語構文が，与格構文に書き換えられないにもかかわらず，意味的には「間接目的語のために」ということを含意しているからである。これについては 8 節で詳しく述べる。

(18e) の move 類の動詞は，間接目的語のために行う象徴的

な行為を示す。たとえば，(19e) はレーガン大統領のためだったら，ヒッピーでも殺すつもりである，ということを意味する。つまり，この文はレーガン大統領のためだったら何でもする，という象徴的な行為を表す。もちろん，この文はレーガン大統領のために，ヒッピーを殺すつもりである，という意味もある。この場合には，動詞は象徴的な行為ではなく，文字どおりの行為を表す。

ただ，直接目的語によっては，(18e) の動詞が象徴的な行為ではなく，通常の行為を表すので，そのような場合にはその文の容認性が低くなる。次のような例を考えてみよう。

(24) a. Sam promised to {move, crush, ?climb} his lover a mountain.
(サムは自分の恋人のためなら山でも {動かす，粉砕する，?登る} と約束した)

b. *Sam promised to taste his lover her wine.

(Green (1974: 95))

(24a) は「サムは恋人のためなら山でも「動かす」「粉砕する」と約束した」という意味であれば，文法的である。この場合の「動かす」「粉砕する」という行為は文字どおりの行為を表すのではなく，「山でも動かす，あるいは，粉砕する」くらい，彼女のためであれば何でもするという強い決心を表している。これに対して，「登る」という動詞は，山を目的語にとった場合，文字どおりの意味に解釈され，象徴的な行為としての解釈はされにくい。したがって，climb という動詞では，この文の文法性が低くなっている。同じことが (24b) にも言える。すなわち，ワインを「味わう」という行為は文字どおりの行為として解釈され，象徴的な行為とは解釈されない。したがって，この文は非文法的になる。

2.2. 与格交替を示さない動詞
2.2.1. 二重目的語構文のみを許す動詞

動詞の中には,二重目的語構文のみに用いられ,to/for 与格構文には用いられないものがある。

(25) a. bear, begrudge, bode, cost, deny, envy, flash (a glance), forbid, forgive, issue (ticket, passport), refuse, strike (a blow), wish, write (check), etc.
   b. bet, bill, charge, fine, mulct, overcharge, spare, tax, tip, undercharge, wager, etc.

これらの動詞を伴う二重目的語構文の具体的な例は,次のとおりである。

(26) a. Tom denied Mary the opportunity to teach.
   (トムはメアリーに教える機会を与えなかった)
   b. *Tom denied the opportunity to teach {to, for} Mary.
(27) a. We envied John his wealth.
   (私たちはジョンの裕福さを羨ましく思った)
   b. *We envied John's wealth {to, for} him.
(28) a. John's boss refused him the promotion.
   (ジョンの上司は彼の昇進を拒んだ)
   b. *John's boss refused the promotion {to, for} him.
(29) a. They fined her $5 for speeding.
   (彼らは彼女にスピード違反で5ドルの罰金を科した)
   b. *They fined $5 {to, for} her for speeding.

ただし,ask, bear などは to, for 以外の前置詞を伴って交替する。

(30) a. I asked him a question.
   (私は彼に質問をした)
   b. I asked a question of him.
(31) a. They bear him a grudge.
   (彼らは彼の愚痴に耐えている)
   b. They bear a grudge against him.

2.2.2. 与格構文のみを許す動詞

上記のように，二重目的語構文しか用いられない動詞がある一方で，与格構文しか用いられない動詞もある。Green (1974), Larson (1988a) に指摘されているように，この種の動詞には address, announce, communicate, contribute, distribute, donate, explain, transfer, select などがある。

(32) a. *I donated charity money.
   b. I donated money to charity.
     (私は慈善事業にお金を寄附した)
(33) a. *I distributed the children apples.
   b. I distributed apples to the children.
     (私はその子供たちにリンゴを配った)
(34) a. *I contributed the auction my time.
   b. I contributed my time to the auction.
     (私はその競売に私の時間を捧げた)

((32)-(34): Larson (1988a: 371))

(35) a. *We transferred Bill some stock.
   b. We transferred some stock to Bill.
     (私たちはビルにいくばくかの蓄えを渡した)
(36) a. *The Maître d' selected us a French wine.

b. The Maître d' selected a French wine for us.
　　　　（給仕長は私たちのためにフランスワインを選んでくれた）
　　　　　　　　　　　　　　　　　　((35)-(36): Green (1974: 74-75))

3. 二重目的語構文の意味的特徴について

　本節では，有生物主語を伴う二重目的語構文の特徴について考察する。なお，無生物主語を伴う二重目的語構文の特徴については，6節以降で考える。

　1節で述べたように，二重目的語構文の間接目的語と直接目的語の間には所有関係が成立する。たとえば，次のような文を考えてみよう。

　(37) a. I threw John the ball.
　　　　（私はジョンにそのボールを投げた）
　　　b. I threw the ball to John.

(37a) では，私が John にボールを投げた結果，彼はそのボールを受け取った，ということを含意する。これに対して，(37b) では，私は John（のほう）にボールを投げた，ということを意味するが，彼がそのボールを受け取ったということまでは含意していない。つまり，John はボールを投げる行為のターゲットにしかすぎない。すなわち，(37a) では間接目的語の John が直接目的語のボールを受け取り，所有しているという意味を含意するが，(37b) ではそのような含意はない。次の例も同様である。

　(38) a. I taught the student French.
　　　　（私はその学生にフランス語を教えた）
　　　b. I taught French to the student.

(38a) では，その学生にフランス語を教えた結果，その学生はフランス語を習得したことを含意するのに対して，(38b) では学生がフランス語を習得したという含意は存在しない。

このように，二重目的語構文の間接目的語と直接目的語の間に所有関係が生じるが，これが成立するには間接目的語が直接目的語を所有する資格がなければならない。たとえば，次のような例を考えてみよう。

(39) a. *John sent New York a letter.
　　 b.　John sent a letter to New York.
　　　　（ジョンはニューヨークに手紙を送った）

(39a) の間接目的語 New York は場所を表す表現であるので，直接目的語を所有することができない。したがって，この文は二重目的語構文として成立せず，非文法的になる。これに対して，(39b) のような to 与格構文にはそのような所有関係がないので，文法的になる。(もちろん，(39a) の New York が New York 支社 (の社員) を含意するならば，この文は文法的になる。)

次のような例も同様である。

(40) a. *I threw the 50-yard line the ball.
　　 b.　I threw the ball to the 50-yard line.
　　　　（私はそのボールを 50 ヤードラインまで投げた）
(41) a. *I sold $30,000 the house.
　　 b.　I sold the house for $30,000.
　　　　（私はその家を 30,000 ドルで売った）

(Green (1974: 101))

(42) a. *She's going to sing her late lover a song.
　　 b.　She's going to sing a song for her late lover.

(彼女は自分の亡き恋人のために歌をうたうつもりです)

(40a), (41a) の間接目的語は無生物である。また，(42a) の間接目的語は亡くなった恋人を表す。したがって，これらの間接目的語は直接目的語を所有することはできない。したがって，(40a)-(42a) は非文法的な文となる。一方，(40b)-(42b) のような to 与格構文にはそのような所有関係がないので，これらの文は文法的になる。

また，次のような例も二重目的語構文と与格構文の間に意味的な違いが見られる。

(43) a.　I knitted our baby this sweater.
(私は私たちの赤ん坊にこのセーターを編んだ)
b.　I knitted this sweater for our baby.
(私は私たちの赤ん坊のためにこのセーターを編んだ)

(Larson (1988a: 377))

二重目的語構文の (43a) は，母親がセーターを編み，赤ちゃんがそれを着ることを含意する。しかし，与格構文の (43b) にはそのような含意はない。したがって，ある妊婦が生まれてくる赤ちゃんのためにセーターを編んでいるという状況では，(43b) の文しか使えない。なぜなら，(43a) のような二重目的語構文では，間接目的語が直接目的語を所有するという含意があるために，間接目的語の赤ん坊はもうすでに生まれていなければならないからである。

これまで，二重目的語構文が成立するには，間接目的語が直接目的語を所有できる資格がなければならないことを示してきた。しかし，二重目的語構文が成立するには，このような間接目的語の所有者としての資格だけでなく，動詞そのものの意味にも深く

関与する場合がある。たとえば，次のような例を考えてみよう。

(44) a.　Bob {made, *tasted} Phil the cake.
　　　　　(ボブはフィルにケーキを作ってあげた)
　　 b.　Bob {made, tasted} the cake for Phil.
　　　　　(ボブはフィルのためにそのケーキを{作った，味わった})
　　　　　　　　　　　　　　　　　　　　　(Pinker (1989: 48))

(44a) においては，間接目的語の Phil は直接目的語のケーキを所有することができる資格は十分にあるが，動詞が taste であれば所有関係は生じない。なぜなら，Phil のためにケーキを味わってもそれを所有したことにはならないからである。一方，動詞が make であれば，Phil のためにケーキを作り，彼がそのケーキを所有することはできる。したがって，この動詞を伴う二重目的語構文のみが文法的な文となる。言うまでもなく，与格構文には所有関係が含意されないので，(44b) が示すように，与格構文は動詞が make であれ，taste であれ文法的になる。

　このように二重目的語構文の間接目的語と直接目的語の間に所有関係が成立することは，次のような従属節内においても観察される。

(45) a.　??After I wrote him a few words, I tore the letter up.
　　 b.　After I wrote a few words to him, I tore the letter up.
　　　　　(私は彼に手紙を書いた後で，その手紙を破った)
　　　　　　　　　　　　　　　　　　　　(Oehrle (1976: 130 131))

(45) の主節は，「私は手紙を破った」という意味である。手紙を破ることができるのは，手紙がまだ相手に届いておらず，手元に

ある状態でなければならない。(45a) の副詞節は二重目的語構文を含んでいるので,「手紙を書いて, その手紙が彼に渡ってしまった」ことを含意する。これは主節の意味と矛盾するので, (45a) の文法性が落ちている。これに対して, (45b) の副詞節には与格構文が用いられているので, 手紙がまだ手元にあることを含意する。これは主節の意味と矛盾をきたすことはないので, (45b) は文法的な文になる。

また, 次のような等位接続詞を伴う文にも同様な説明が可能である。

(46) a. *Originally, I bought my wife this tea-kettle, but I decided to keep it.
b. Originally, I bought this tea-kettle for my wife, but I decided to keep it.
(もともと私は妻のためにこのやかんを買ったが, それを自分のものにすることにした)

(Oehrle (1976: 104))

すなわち, (46a) の等位接続詞 but の前の文は, 二重目的語構文である。これは買ってきたやかんがすでに妻の所有物になっていることを含意する。したがって, 主節のようにそれを自分のものにすることにした, とは言えない。その結果, but の前の文と後の文の間に意味の矛盾が見られるので, (46a) は非文法的になる。一方, (46b) では, 与格構文が使われているので, やかんは妻の手に渡ってはいないことを含意する。したがって, but 以下の文のように, それを自分の物にしようと決心した, と主張しても特段問題にならない。その結果, この文は文法的になっている。

これまでは, 二重目的語構文に見られるいわゆる肯定的な所有関係を見てきたが, このほかに否定的な所有関係も存在する。

(47) a. They denied me my chance.
   (彼らは私にチャンスを与えてくれなかった)
   b. They refused me permission.
   (彼らは私に許可を与えてくれなかった)

(47) では,間接目的語が直接目的語を所有することを否定している。たとえば,(47a) は「私がそのチャンスを手に入れること」を彼らは否定したことを意味する。(47b) も同じような所有関係が否定されている。

本節では,有生物主語を伴う二重目的語構文の間接目的語と直接目的語には肯定・否定にかかわらず所有関係が成立することを見た。次節では,二重目的語構文の統語的な特徴について考察することにしよう。

4. 二重目的語構文の統語的な特徴

4.1. 間接目的語と直接目的語の構造的な位置

1節で述べたように,間接目的語と直接目的語の間に構造的な不均衡が観察されている。たとえば,例文 (3) (これを (48) として再録) を見てみよう。

(48) a. I showed Mary herself.
   b. *I showed herself Mary.

(48) では,二つの目的語の位置に名詞句とそれを指し示す再帰代名詞が生じている。この二つの目的語においては,生起する要素の順序が重要になっている。すなわち,(48a) のように間接目的語の位置に名詞句が生じ,その後にそれを指し示す再帰代名詞が生じる場合には,その文は文法的になる。ところが,(48b)

のように逆の順序になれば，その文は非文法的になる。

このような間接目的語と直接目的語の不均衡は，再帰代名詞を含む表現だけでなく，次のようなさまざまなタイプの表現を含む文にも観察されている。

(49) a. I gave every worker$_i$ his$_i$ paycheck.
    （私は労働者一人一人に給料をあげた）
  b. *I gave its$_i$ owner every paycheck$_i$.
(50) a. Which man$_i$ did you send t his$_i$ paycheck?
    （あなたはどの人に給料を送りましたか）
  b. *Whose$_i$ pay did you send his$_i$ mother t?
(51) a. Who did you give t which paycheck?
    （あなたは誰にどの給料を与えましたか）
  b. *Which paycheck did you give who t?
(52) a. I showed each man the other's socks.
    （私は各人にお互いの靴下を見させた）
  b. *I showed the other's friend each man.
(53) a. I showed no one anything.
    （私は誰にも何も見せませんでした）
  b. *I showed anyone nothing.

(Larson (1988a: 336–337))

(49) は二つの目的語の位置に数量詞表現とそれを指し示す代名詞表現が生じている文である。文法的な文は，(49a) のように，数量詞表現と代名詞表現がこの順序で生じているものである。(49b) のように，逆の順序でこれらの表現が生じると非文法的になる。

(50) はいわゆる弱交差現象 (Weak Cross-Over Phenomenon) に関わるものである。弱交差現象とは，概略，(50) の his

paycheck, his mother のように所有代名詞 his 等を含む表現をそれと同じ人物を指し示す wh 句が横切って（文頭に）移動すると，その文の文法性が低くなる，というものである。たとえば，*Who$_i$ does his$_i$ mother love t? を考えると，この文は who と his が同一人物を指す解釈では非文法的になる。この文の派生を考えると，もともと love の目的語の位置にある who が主語の his (mother) を横切って文頭の位置に移動している。そのような移動は，非文法的な文を派生することになる。これが弱交差現象である。これを踏まえて文法的な文である (50a) を考えてみると，which man はその代名詞表現の his (paycheck) を横切ることなく文頭に移動している。これに対して，非文法的な (50b) は，whose pay が whose と同じ人物を示す所有代名詞表現の his (mother) を横切って文頭に移動している。したがって，この文は弱交差現象を示す例であり，非文法的になっていると考えられる。

　(51) は，二つの目的語の位置に wh 句が生じている，いわゆる，多重 wh 疑問文 (Multiple Wh-Question) と呼ばれている文である。文法的な文は，(51a) のように，間接目的語の who が文頭に移動し，直接目的語の which paycheck がその位置に留まっているものである。これに対して，非文法的な文である (51b) では，逆に間接目的語が移動せずその位置に留まり，直接目的語が文頭に移動している。このように，二重目的語構文の二つの目的語が wh 句である場合，どちらの wh 句が文頭に移動するかによってその文の文法性に違いが生じる。

　(52) は二つの目的語の位置にそれぞれ each 表現と other 表現が生じている文である。これらの要素を含む文では，(52a) のように，間接目的語の位置に each 表現が生じ，直接目的語の位置に other 表現が生じる文は文法的である。ところが，(52b) の

ように,これらの表現が逆の位置に生じると非文法的になる。

(53)は二つの目的語の位置に any, ever などの否定極性項目 (Negative Polarity Item) とそれらを認可する not, no, never 等の否定辞が生じている文である。これまでの例と同様に,これらが目的語のどちらの位置に生じるかによって,その文の文法性が異なってくる。すなわち,(53a)のように,間接目的語の位置に否定辞が生じ,直接目的語の位置に否定極性項目が生じる場合,その文は文法的である。これに対して,(53b)のように,間接目的語の位置に否定極性項目が生じ,直接目的語の位置にそれを認可する否定辞が生じている場合には,その文は非文法的になる。

このように,二重目的語構文の二つの目的語にはさまざまなタイプの文において不均衡が見られる。そこで,この二つの目的語の構造的な位置がどのようになっているかについて考えるために,次のような例を見てみたい。

(54) a. John killed himself.
(ジョンは自殺した)
b. *Himself killed John.

(55) a. [Each of the boys]$_i$ told his$_i$ mother about the accident.
(その少年たち1人1人がその事故について自分の母親に話をした)
b. *His$_i$ mother told [each of the boys]$_i$ about the accident.

(56) a. Which man$_i$ t got his$_i$ paycheck?
(どちらの人が自分の給料を手に入れましたか)
b. *Whose$_i$ paycheck did his$_i$ mother get t?

(57) a. Who t bought what?
(誰が何を買いましたか)

　　b. *What did who buy t?

(58) a. Each of us sees the other on the beach every day.
(私たちは毎日浜辺でお互いに会っています)

　　b. *The other sees each of us on the beach every day.

(59) a. No one could have done anything.
(誰も何もしなかっただろう)

　　b. *Anyone could have done nothing.

　(54)-(59) の各文は，(48)-(53) の例で問題となっている要素が主語と目的語の位置に生じている文である。これらの文を観察してみると，(54a)-(59a) が文法的であり，問題になっている要素の順序は (48a)-(53a) のものと同じである。これに対して，非文法的な (54b)-(59b) の各文において，問題になっている要素の順序は (48b)-(53b) のものと同じである。

　ここで主語と目的語の構造的な関係を考えてみよう。第 2 章 6 節で説明したように，以下のような C 統御を用いると，主語は目的語を非対称的に C 統御している，と言える。

(60)　次の条件を満たすとき，α は β を C 統御する。
　　(i)　α が β を支配せず，
　　(ii)　α を支配する最初の枝分かれ節点が β を支配している。

具体的に，John read a book. という文の構造を考えると，(61) のようになる。なお，(61) の主語 John は，動詞句内主語仮説により軽動詞句 vP の指定部に基底生成され，そこから文 (TP) の主語位置に移動している。また，動詞 read も軽動詞 v に移動

している。

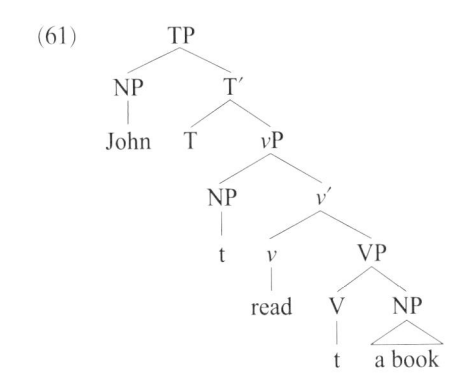

(61)
```
         TP
        /  \
       NP   T′
       |   /  \
      John T   vP
             /  \
            NP   v′
            |   /  \
            t  v    VP
               |   /  \
              read V   NP
                   |   |
                   t  a book
```

　(61) の主語の John と目的語の a book の構造的な位置関係を (60) の C 統御で捉えるならば，John は a book を非対称的に C 統御している。なぜなら，主語の John は目的語の a book を支配していないし，John を支配する最初の枝分かれ節点 TP が a book を支配しており，逆は成立しないからである。

　これに注目して (54)–(59) の主語と目的語の関係を考えてみると，次のようになる。すなわち，(54a) では，主語の John が目的語の himself を非対称的に C 統御している。これに対して，(54b) では，主語の himself が目的語の John を非対称的に C 統御している。(54a) が文法的で，(54b) が非文法的であるので，John のような名詞句は再帰代名詞を非対称的に C 統御しなければならない，ということになる。

　(55a) では，主語の each 表現がそれを指し示す目的語の所有代名詞表現を非対称的に C 統御している。一方 (55b) では，主語の所有代名詞表現が目的語の each 表現を非対称的に C 統御している。(55a) のみが文法的であるので，each 表現はそれを指し示す所有代名詞表現を非対称的に C 統御しなければならな

いと言える。

　(56a) では，目的語の所有代名詞表現を非対称的に C 統御している主語の wh 句が文頭に移動している。これに対して，(56b) では，主語の所有代名詞表現によって非対称的に C 統御されている wh 句が文頭に移動している。(56a) の文法性は，所有代名詞表現を非対称的に C 統御している wh 句が移動しなければならないことを示している。

　(57a) では，目的語の what を非対称的に C 統御している主語の who が移動している。ところが，(57b) では，主語の who によって非対称的に C 統御されている目的語の what が文頭に移動している。前者が文法的である。したがって，一つの文に二つの wh 句がある場合，一方の wh 句を非対称的に C 統御している wh 句が移動しなければならない，ということになる。

　また (58a) では，主語の each 表現が目的語の the other を非対称的に C 統御している。しかし，(58b) では，the other が each 表現を非対称的に C 統御している。(58a) が文法的であることから，each 表現は the other を非対称的に C 統御しなければならないことが分かる。

　最後に (59a) では，主語の否定辞 no one が目的語の否定極性項目 anything を非対称的に C 統御している。これに対して，(59b) では，否定極性項目 anyone が否定辞 nothing を非対称的に C 統御している。(59a) が文法的であるので，否定辞は目的語の否定極性項目を非対称的に C 統御しなければならないことになる。

　ここで注目すべきことは，(54)-(59) で問題とされる要素の順序が二重目的語構文 (48)-(53) におけるこれらの要素の順序と同じであり，各文の (a), (b) の文法性も同じだということである。

このような状況から，① (54)-(59) と同様に，二重目的語構文 (48)-(53) の二つの目的語の間には非対称的な C 統御関係があり，② (54a)-(59a) の主語と目的語の位置に生じる要素が，それぞれ二重目的語構文 (48a)-(53a) のように間接目的語と直接目的語の位置に生じるならば，文法的になると言える。

以上より，主語が目的語を非対称的に C 統御しているのと同様に，二重目的語構文の間接目的語は直接目的語を非対称的に C 統御している，ということになる。

4.2. 二重目的語構文の構造

4.1 節で述べたような事実に基づいて，これまでさまざまな二重目的語構文の構造が提案されてきた。その一例を示すと，(48a) (説明の便宜上，(62a) として再録) は次のような構造をもつと仮定される。なお，ここでも動詞句内主語仮説のもと，主語の I は軽動詞句 vP に基底生成され，その後に文 (TP) 主語に移動している。また，動詞 show も軽動詞 v に移動している。

(62) a. I showed Mary herself.

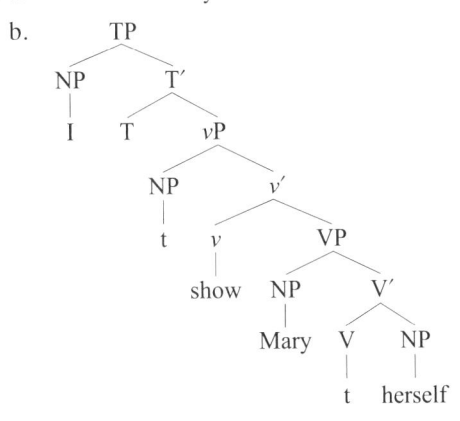

b.
```
              TP
            /    \
          NP      T′
          |      /  \
          I     T    vP
                    /  \
                  NP    v′
                  |    /  \
                  t   v    VP
                      |   /  \
                    show NP   V′
                         |   /  \
                        Mary V   NP
                             |    |
                             t  herself
```

(62b) では，間接目的語の Mary が直接目的語の herself を非対称的に C 統御している。したがって，この文は (54a) と同じように，文法的になる。これに対して，(48b) では，想定される構造 (62b) において，Mary の位置に herself が生じ，herself の位置に Mary が生じている。この状況は，(54b) と同じように，herself が Mary を非対称的に C 統御している。したがって，(48b) は (54b) と同様に非文法的になる。同じような説明が (49)–(53) に言える。

これに対して，与格構文はどのような構造をしているのであろうか。たとえば，(63a) のような与格構文を考えると，それは (63b) のような構造をもつであろう。

(63) a. I gave a present to John.
(私はジョンに贈り物をあげました)

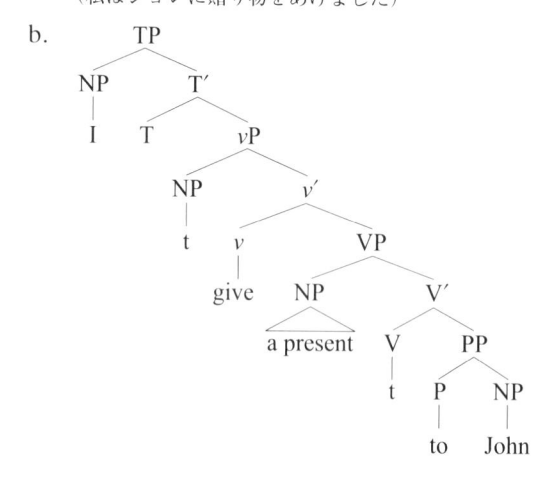

b.
```
           TP
          /  \
        NP    T'
        |    /  \
        I   T    vP
               /    \
             NP      v'
             |     /    \
             t    v      VP
                  |    /    \
                give  NP     V'
                      |    /    \
                  a present V    PP
                            |   /  \
                            t  P    NP
                               |    |
                              to   John
```

(63b) では，a present が John を非対称的に C 統御している。したがって，a present と John のそれぞれの位置に，(48a)–(53a) と同じように問題となる要素がその順番で生じるならば，

それらの文は文法的になり，(48b)-(53b) のように逆の順序で生じるならば，それらの文は非文法的になると予測される。この予測が正しいことは，次の例から分かる。

(64) a. I showed Mary to herself.
（私はメアリーに自分自身を見せた）
b. *I showed herself to Mary.
(65) a. I sent every check$_i$ to its$_i$ owner.
（私はすべての給料を所有すべき人に送った）
b.??I sent his$_i$ paycheck to every worker$_i$.
(66) a. Which check$_i$ did you send t to its$_i$ owner?
（あなたはどの給料を所有すべき人に送りましたか）
b. *Which worker$_i$ did you send his$_i$ check to t?
(67) a. Which check did you send t to who?
（あなたはどの給料を誰に送りましたか）
b. *Whom did you send which check to t?
(68) a. I sent each boy to the other's parents.
（私は少年各自を両親のところへ送り届けた）
b. *I sent the other's check to each boy.
(69) a. I sent no presents to any of the children.
（私はいかなる贈り物も子供たち誰にも送らなかった）
b. *I sent any of the packages to none of the children.

(Larson (1988a: 338))

以上より，与格構文の動詞の目的語と前置詞の目的語の間には，次のような構造的な一般性がある。

(70) 与格構文において，動詞の目的語は前置詞の目的語を

非対称的に C 統御する。

5. その他の特徴

5.1. 間接目的語からの要素の取り出し

二重目的語構文において統語的に興味深い現象は，間接目的語の取り出しが極めて困難であることである。たとえば，次のような文を考えてみよう。

(71) a. *Who did John give t the book?
  b.*?Who did Mary say that she gave t a present?

((b): Larson (1988a: 355))

これらの文は，動詞 give のすぐ後に続く間接目的語 who を文頭に移動して派生した wh 疑問文である。しかし，(71) が示しているように，これらの文は非文法的である。このように二重目的語構文の間接目的語を取り出すことができないことは，wh 疑問文だけでなく，次のようなさまざまな種類の文においても観察されている。

(72) a. *This is the person who you gave t that book.
  b. *It is that girl that John gave t the book.
  c. *John is tough to give t a present.
  d.*?John, Mary said that she gave t a present.
  e. *Bill is too picky to give t that book.

((c), (d): Larson (1988a: 355))

(72a-e) は二重目的語構文の間接目的語を取り出して派生した関係節構文，分裂構文，tough 構文，話題化構文，too-to 構文である。これらの文がすべて非文法的な文であるので，二重目的

語構文の間接目的語は取り出しができないと言える。

(71), (72) では，二重目的語構文の間接目的語が左方向に移動しているが，(73) のように右方向に移動して派生した文でも非文法的になる。

(73) a. *John sent t a letter [every musician in the orchestra].
   b. *Max gave t a book about roses [the tall man in the garden].

(Larson (1988a: 355))

(73) では，間接目的語が動詞と隣接している t の位置から文尾に移動している。このように目的語を右方に移動させる規則は重名詞句転移 (Heavy NP Shift) と呼ばれる。この規則は目的語が比較的に長い場合に限り随意的に適用される。たとえば，次のような例を考えてみよう。

(74) a. I saw t at the conference yesterday [everyone who believes in UFOs].
   （私は昨日会議で未確認飛行物体の存在を信じている人全員にあった）
   b. I offended t by not recognizing immediately [my favorite uncle from Cleveland].
   （私はクリーブランド出身の私の大好きな叔父さんにすぐに気付かなかったので彼を怒らしてしまった）

(Larson (1988a: 349))

(74) では，動詞 see, offend の目的語が関係節や前置詞句を伴って長くなっている。このような場合には，重名詞句転移によりその目的語を右方へ移動させることができる。これは英語では

よく見られる現象である。しかし，二重目的語構文の間接目的語の場合には，(73) のように重名詞句転移を適用することはできない。

ちなみに，(71), (72) は間接目的語そのものを取り出した場合であるが，間接目的語の一部も同様に取り出すことはできない。次のような例を考えてみよう。

(75) a. *Who did you say Cindy sent [a friend of t] a picture?
b. *Who did Mary tell you John bought [friends of t] a book?

(Runner (2001: 40))

(75) では，間接目的語の a friend of who, friends of who から who を取り出して文頭に移動させている。これらの文は非文法的であるので，間接目的語はそれ自体だけでなく，その一部も取り出すことはできないということになる。

次に，二重目的語構文の直接目的語は取り出しが可能かどうかについて考えてみよう。

(76) a. What did John give him t?
（ジョンは彼に何をあげましたか）
b. The book that John gave him t is very difficult to read.
（ジョンが彼にあげた本は読むのにたいへん難しい）
c. It is that book that John gave him t.
（ジョンが彼にあげたのはその本です）
d. That book is tough to give him t.
（その本は彼にあげるのは困難である）
e. That book, John gave him t.

(その本は,ジョンが彼にあげました)

f. That book is too valuable to give him t.
(その本はあまりにも貴重なので彼にあげることはできません)

(76) は直接目的語を取り出して派生した wh 疑問文,関係節構文,分裂構文,tough 構文,話題化構文,too-to 構文である。これらはすべて文法的である。このことより,二重目的語構文の直接目的語は取り出しが可能であると言える。

また,直接目的語の一部を wh 句として取り出すことも可能である。

(77) a. Who did you say Cindy sent Bobby [a photo of t]?
(あなたはシンディーがボビーに誰の写真を送ったと言ったのですか)

b. What did Mary tell you John bought Shirley [a box of t]?
(メアリーはジョンがシャーリーに何の箱を買ったとあなたに言ったのですか)

(Runner (2001: 40))

(77) の a photo of who, a box of what は直接目的語である。(77) が文法的であることは,直接目的語から要素を取り出すことができることを示している。

一方,与格構文には要素の取り出しに関して何の制限もない。次のような例を考えてみよう。

(78) a. Who did John give the book to t?
(ジョンはその本を誰にあげましたか)

    b. The girl that John gave the book to t is very pretty.
（ジョンがその本をあげた少女はたいへん可愛い）

    c. It is that girl that John gave the book to t.
（ジョンがその本をあげたのはその少女です）

    d. The person is tough to give the book to t.
（その人はその本をあげるのはたいへん困難である）

    e. John, Mary gave the book to t.
（ジョンには，メアリーがその本をあげました）

    f. John is too picky to give that book to t.
（ジョンはあまりにもこせこせしているので，その本をあげることはできない）

(78) は，与格構文の前置詞 to の目的語を取り出してさまざまな種類の文を派生したものである。(78) が示しているように，これらの文はすべて文法的であるので，与格構文の前置詞 to の目的語を取り出すことは可能である。

また，次の例を考えてみよう。

(79) a. What did you give t to Bill?
（あなたはビルに何をあげましたか）

    b. The present that John gave t to Bill is very precious.
（ジョンがビルにあげた贈り物はたいへん高価なものです）

    c. It is that present that John gave t to Bill.
（ジョンがビルにあげたのはその贈り物です）

    d. That present is tough to give t to Bill.
（その贈り物はビルにあげるのは困難である）

    e. That present, John gave t to Bill.
（その贈り物は，ジョンがビルにあげました）

f.　That present is too valuable to give t to Bill.
(その贈り物はあまりにも貴重なのでビルにあげることはできない)

(79) は，与格構文の動詞 give の目的語を取り出して派生した文である。これらもすべて文法的である。

したがって，与格構文の前置詞や動詞の目的語は，(78)，(79) のように取り出しが可能であると言える。これに対して，二重目的語構文の間接目的語は，(71)，(72)，(73)，(75) のように，それ自体を，あるいは，その一部を取り出すことができない。このような奇妙な現象は，この構文のもつ特殊性からくるものである。

この二重目的語構文には，さらに，次のような奇妙な統語現象が見られる。

(80)　Who did you give t which paycheck?

この例は，4.1 節で示した多重 wh 疑問文である。上述したように，二重目的語構文の間接目的語を取り出すことはできないが，(80) のように二重目的語構文の直接目的語が wh 句である場合には，間接目的語の who を文頭に移動させることができる。

また，(71) のように，間接目的語を who として取り出して wh 疑問文を派生することはできないが，who の代わりに which man にすると，その文は文法的になる。以下に，4.1 節で示した例 (50a) を (81) として再録する。

(81)　Which man$_i$ did you send t his$_i$ paycheck?

ここで注意すべきことは，(81) の which man は who と異なり，談話と深く結びついた表現だということである。この種の表現は，一般に who の場合と異なった統語現象を示すことが

(82) a. *What did who buy t?
   b. What did which man buy t?
      (どの人が何を買いましたか)

すなわち, (82a) では主語の who が移動せず, その代わりに目的語の what が文頭に移動している。このような文は非文法的である。しかし, (82b) のように, who の代わりに which man が用いられると文法的になる。したがって, (81) の文法性は wh 句が談話に関連している表現であることに深く関わっていると言える。

5.2. 受動態について

5.1 節では, 二重目的語構文の間接目的語を wh 句などとして取り出すことは極めて困難であることを見た。本節では, 二重目的語構文の目的語を主語に移動させて, 受動文を派生できるかどうかについて考えてみよう。

周知のように, 受動態は基本的に他動詞の目的語を主語に移動させることによって派生される。また, 二重目的語構文には, 動詞のあとに二つの目的語が存在する。したがって, 理論的には, 二重目的語構文から 2 種類の受動態が派生されることになる。

そこでまず, 間接目的語が主語になっている受動態を考えてみよう。

(83) a. I was given a hat.   (Fillmore (1965: 13))
      (私は帽子が与えられた)
   b. John was offered the job.   (Oehrle (1976: 171))
      (ジョンはその仕事の誘いがかけられた)

c. Robert was sent a telegram (by Wayne).
(ロバートは(ウェインによって)電報が送られた)

(Stowell (1981: 325))

(83) の文はすべて文法的である。そこで，(83) に対応する能動態を考えてみると，(84) が想定される。(83) の各文の主語 I, John, Robert は，(84) ではすべて間接目的語となっている。

(84) a. ＿ gave me a hat.
  b. ＿ offered John the job.
  c. Wayne sent Robert a telegram.
   (ウェインはロバートに電報を送った)

したがって，(83) が文法的であるので，二重目的語構文の間接目的語は受動態の主語になれると言える。

次に，二重目的語構文における直接目的語の受動化が可能かどうか考えてみよう。

(85) a. *The tuba was given John Phillips Sousa.
  b. *The job wasn't offered Max, but it was offered Harry. ((a), (b): Oehrle (1976: 177))
  c. *?A letter was sent Mary. (Larson (1988a: 363))

これらの文はすべて非文法的である。そこで，(85) に対応する能動態を考えると，(86) のような構造が想定される。

(86) a. ＿ gave John Phillips Sousa the tuba.
  b. ＿ offered Max the job, but ＿ offered Harry it.
  c. ＿ sent Mary a letter.

(85) の主語は，(86) では直接目的語に相当する。したがって，

(85)が非文法的であることにより、二重目的語構文における直接目的語の受動化は不可能であると言える。

しかし、直接目的語の受動化がいつも不可能かというと、実はそうではない。次のような文を考えてみよう。

(87) a.　A hat was given me.　　　　(Fillmore (1965: 13))
　　　　 (帽子が私に与えられた)
　　 b.　The job was offered him.　　(Oehrle (1976: 177))
　　　　 (その仕事の誘いが彼にかけられた)

(87)の対応する能動態は、次のような構造が想定される。

(88) a.　＿＿ gave me a hat.
　　 b.　＿＿ offered him the job.

(87)の主語は(88)では直接目的語にあたる。この状況は、(85)-(86)と同じである。しかし、(87)は(85)と異なり文法的である。そこで、(87)と(85)の違いを見てみると、(87)には間接目的語として代名詞が生じているのに対して、(85)では通常の名詞句が生じている。したがって、二重目的語構文の直接目的語は、間接目的語が代名詞の場合には、受動化が可能であると考えられる。ここから予測されることは、代名詞がさらに弱化し、たとえば、him が 'im になった場合にはその文の文法性が高まり、逆に、him に強勢が置かれ HIM のようになった場合には文法性が低くなる、ということである。そこで、次のような例を見ると、この予測は正しいと言える。

(89) a.　A letter was given 'im by Mary.
　　　　　(手紙がメアリーによって彼に与えられた)
　　 b.　*A letter was given HIM by Mary.

(Larson (1988a: 364))

次に，for タイプの動詞を伴う二重目的語構文の受動態について考えてみよう。

(90) a. *I was bought a hat.　　　　　(Fillmore (1965: 13))
　　 b.?*His mother was baked a birthday cake (by Greg).
　　 c.?*Janice was got a new dress (by Paul).

(Stowell (1981: 326))

(90) は，想定される二重目的語構文の間接目的語が受動化により主語に移動して派生された文である。(90) の文はすべて非文法的であるので，for タイプの動詞を伴う二重目的語構文の間接目的語は受動化ができない。

また，for タイプの動詞を伴う二重目的語構文の直接目的語も受動化できない。

(91) a. *A birthday cake was baked his mother.
　　 b. *A new dress was got Janice (by Paul).

(Stowell (1981: 325))

さらに，for タイプの動詞を伴う二重目的語構文では，間接目的語が代名詞であっても，直接目的語の受動化は不可能である。これは to タイプ動詞の二重目的語構文の場合と異なる点である。

(92) a. *A hat was bought me.　　　(Fillmore (1965: 13))
　　 b. *A book was bought him.　　(Green (1974: 70))

これに対して，直接目的語が不定名詞句である場合，間接目的語の受動化が可能であるという事実が観察されている。

(93) a. Margaret was bought some chocolates (by Uncle Jim).
(マーガレットにチョコレートが（ジム叔父さんによって）買われた）

b. Margaret was cooked a meal (by Uncle Jim).
(マーガレットに（ジム叔父さんによって）食事が料理された）

本節で議論した二重目的語構文の受動態の可否については，文法家の間でも判断にかなりの揺れがある。実際，for タイプの動詞を伴う二重目的語構文の受動化は，to タイプの動詞を伴う二重目的語構文と同様に，可能であると主張する文法家もいる。したがって，ここで示した受動態の文法性は絶対的なものではなく，一つの傾向を示したということにすぎないものとして理解していただきたい。

5.3. 情報構造について

本節では，二重目的語構文の情報構造について考えることにする。そのために，まず，どのような名詞句が如何なる種類の情報を担うかについて考えてみよう。

(94) Speaker A: John killed a cop.
(ジョンは警官を殺害した)
Speaker B: Oh, yes, I know which one it is.
(そうだね。私はそれが誰か知っているよ)

(95) Speaker A: John killed the cop.
(ジョンはその警官を殺害した)
Speaker B: ?Oh, yes, I know which one it is.

(96) Speaker A: John killed Howie.

(ジョンはハウイーを殺害した)

  Speaker B：*Oh, yes, I know which Howie it is.

(97) Speaker A： John killed him.
     (ジョンは彼を殺害した)
  Speaker B：**Oh, yes, I know who he is.

(Erteschik-Shir (1979: 447))

(94)–(97) の Speaker A の文では，目的語の位置にそれぞれ不定冠詞付き名詞句，定冠詞付き名詞句，固有名詞，そして代名詞が生じている。また，Speaker B は Speaker A の発した文の目的語の名詞句についてコメントしている。したがって，Speaker A の文の目的語はその文の焦点になるとともに，Speaker B の文の話題にもなっている。

(94)–(97) の事実から，名詞句にはその文の焦点を担い，同時に，次の文の話題になりやすいもの（不定冠詞付き名詞句）から，なりにくいもの（代名詞）への階層性があることが分かる。Erteschik-Shir (1979) は，このように文の焦点になり，聞き手に注意を引く表現を優勢的 (dominant) な名詞句と呼び，(94)–(97) の事実に基づいて名詞句には次のような「優勢性の階層性 (Hierarchy of Dominance)」があると仮定している。

(98) 不定冠詞付き名詞句＞定冠詞付き名詞句＞固有名詞＞
  代名詞

すなわち，不定冠詞付き名詞句が，話者がその表現を使用することによって，聞き手に最も多くの注意を向けさせる表現である。したがって，この名詞句がさらなる会話の話題に一番なりやすい。次に，聞き手に注意を向けさせる表現は，定冠詞付き名詞句である。これに対して，固有名詞，代名詞などは聞き手に注意を

向けさせる表現ではないので，次の会話における話題になりにくい。

なお，Erteschik-Shir (1979) によれば，代名詞のなかでも it は特別で，焦点にも次の文の話題にもならない。この優勢性と情報の新旧とは，必ずしも一致しないけれども，概して，不定冠詞付き名詞句は新情報を担い，定冠詞付き名詞句，固有名詞，代名詞は旧情報を担うと言われている。

ここで，二重目的語構文と与格構文の関係を考えてみると，一般的には二重目的語構文は与格構文から派生されると考えられている。Erteschik-Shir (1979) は，このことに注目して，与格構文から派生される二重目的語構文は，間接目的語の位置に優勢的でない名詞句を，そして直接目的語の位置に優勢的な名詞句を配置するために適用される操作であると主張している。

(99) 与格構文から派生される二重目的語構文（主語＋動詞＋間接目的語＋直接目的語）では，間接目的語には優勢性の低い名詞句が生じ，直接目的語には優勢性の高い名詞句が生じる。　　　　　　　(Erteschik-Shir (1979: 449))

この主張がどれくらい有効に機能するかを確認するために，次のような例を見てみよう。

(100) a. John gave a book to Mary.
 　　　　（ジョンはメアリーに本をあげた）
 b. √John gave Mary a book.
(101) a. John gave a book to the girl.
 　　　　（ジョンはその少女に本をあげた）
 b. √John gave the girl a book.
(102) a. John gave a book to her.

　　　　（ジョンは彼女に本をあげた）
　　b.　√John gave her a book.
(103) a.　John gave the book to Mary.
　　　　（ジョンはメアリーにその本をあげた）
　　b.　√John gave Mary the book.
(104) a.　John gave the book to her.
　　　　（ジョンは彼女にその本をあげた）
　　b.　√John gave her the book.
(105) a.　√John gave the book to a girl.
　　　　（ジョンは少女にその本をあげた）
　　b.　John gave a girl the book.

(Erteschik-Shir (1979: 450))

　(100)-(105) に付与されている √ は，(a) と (b) のうちより適切で自然な表現であることを示す。ここで，(98) の優勢性の階層性に照らして (100)-(104) の動詞の後に生じる名詞句の優勢性を見てみると，次のようにまとめることができる。

(106) a.　(100a)-(104a)：
　　　　gave［優勢性の高い名詞句］to［優勢性の低い名詞句］
　　b.　(100b)-(104b)：
　　　　gave［優勢性の低い名詞句］［優勢性の高い名詞句］

　たとえば，(100a) の動詞句 gave a book to Mary では，(98) の優勢性の階層性に従うと，(106a) のように優勢性の高い名詞句 a book，優勢性の低い名詞句 Mary の順序になっている。これに対して，(100b) の動詞句 gave Mary a book では，同じ優勢性の階層性に従うと，(106b) のように優勢性の低い名詞句

Mary, 優勢性の高い名詞句 a book の順序になっている。この状況は, (101)-(104) においても同じである。

(99) によれば, 与格構文から派生される二重目的語構文では, 間接目的語の位置に優勢性の低い名詞句が, そして直接目的語の位置に優勢性の高い名詞句が生じる。(106b) は (99) に合致している。したがって, (100b)-(104b) の二重目的語構文のほうが (100a)-(104a) の与格構文よりすわりのいい適切で自然な文となる。

これに対して, (105) では与格構文のほうが二重目的語構文より適切で自然な文となっている。これは, (105a) では, gave [優生性の低い名詞句] to [優勢性の高い名詞句] という順序になっているので, 二重目的語構文の操作を適用して, (105b) のように gave [優勢性の高い名詞句] [優勢性の低い名詞句] にすると, それは (99) に違反することになるからである。

また, 上述したように, 代名詞そのものは優勢性の低い要素であるが, その中でも it は優勢性をもたない要素である。このことを念頭に入れて, 次のような例を考えてみよう。

(107) a.　John gave it to a girl.
　　　　　（ジョンは少女にそれをあげた）
　　　b.　*John gave a girl it.
(108) a.　John gave it to the girl.
　　　　　（ジョンはその少女にそれをあげた）
　　　b.　*John gave the girl it.
(109) a.　John gave it to Mary.
　　　　　（ジョンはメアリーにそれをあげた）
　　　b.　*John gave Mary it.
(110) a.　John gave it to her.

(ジョンは彼女にそれをあげた)
b. *John gave her it.

(Erteschik-Shir (1997: 452))

(107a, b)–(110a, b) は，名詞句の優勢性の観点から考えると，それぞれ次のように示すことができる。

(111) a. (107a)–(110a):
gave [優勢性のない名詞句] to [優勢性の高い／低い名詞句]
b. (107b)–(110b):
gave [優勢性の高い／低い名詞句] [優勢性のない名詞句]

(99) によれば，与格構文から二重目的語構文を派生させる目的は，間接目的語の位置に優勢性の低い名詞句を配置し，直接目的語の位置に優勢性の高い名詞句を配置することである。したがって，与格構文の (111a) から二重目的語構文の (111b) を派生させるのは，(99) に違反している。なぜなら，優勢性の高い名詞句を要求する直接目的語の位置に優位性をもたない代名詞 it を配置しているからである。したがって，(107b)–(110b) は不適切であると同時に非文法的な表現となっている。

5.4. 二重目的語構文の間接目的語の取り出しと受動態の再考

5.1 節では，二重目的語構文の間接目的語は取り出しが困難であると指摘した。関連する具体的な例を再録すると，次のとおりである。

(112) a. *Who did John give t the book?
b. *This is the person who you gave t that book.

c. *It is that girl that John gave t the book.
   d. *John is tough to give t a present.
   e. *?John, Mary said that she gave t a present.
   f. *Bill is too picky to give t that book.
   g. *Max gave t a book about roses [the tall man in the garden].

(112)の各文は，二重目的語構文の間接目的語を取り出して，wh 疑問文，関係節構文，分裂構文，tough 構文，話題化構文，too-to 構文，重名詞句転移構文を派生したものである。ここで注目すべきことは，これらの構文が間接目的語に焦点をあてた表現であることである。たとえば，(112a)を考えると，John が誰かに本をあげたようだが，彼があげた人はいったい誰ですかと尋ねた疑問文である。つまり，who に焦点を置いた文である。

5.3 節で述べたように，Erteschik-Shir (1979) の分析に従えば，二重目的語構文は与格構文から派生され，その結果，間接目的語の位置に優勢性の低い要素が配置され，直接目的語の位置に優勢性の高い要素が配置される。

これが正しければ，(112)の非文法性は次のように説明することができるであろう。すなわち，与格構文から派生される二重目的語構文では，間接目的語の位置に優勢性の低い名詞句が配置される。しかし，それにもかかわらず，優勢性の低い名詞句にわざわざ焦点をあてて，wh 疑問文，関係節構文，分裂構文等を形成している。すなわち，二重目的語構文を派生することによって，話者は間接目的語に聞き手の注意を向けないようにしているにもかかわらず，(112)の文を言うことにより，その間接目的語に聞き手の注意を向けさせようとしている。そこには矛盾が生じている。したがって，(112)の文は非文法的になっていると考えら

れる。

　また5.2節では，二重目的語構文の間接目的語は受動化が可能であるが，直接目的語の受動化は不可能であると述べた。特に，このことはtoタイプの動詞を伴う二重目的語構文の場合に当てはまると言われている。具体的な例は以下のとおりである。

(113) a.　Mary was given t the book.
　　　　　（メアリーはその本が与えられた）
　　　b.　*The book was given Mary t.

主語の位置には，通常，優勢性の低い名詞句，換言するならば，情報的に古い名詞句が生起する。

　このことを念頭に入れて，(113)に対応する能動態を考えてみよう。その構造として次のような構造が想定される。

(114)　＿＿ gave Mary the book

Erteschik-Shir (1979) の分析が正しいなら，(114) の Mary は優勢性の低い名詞句である。したがって，これを主語の位置に移動させて (113a) のように受動態を作ることは特に問題はない。なぜなら，文の主語には優勢性の低い要素が生起するからである。しかし，(114) の the book は優勢性の高い要素である。したがって，それを主語に移動させて受動態を作ることはできない。このような理由で，(113b) は非文法的になっていると説明できる。

　最後に，次のような文を考えてみよう。

(115) a.　*A book was given Mary.
　　　b.　A book was given me.
　　　　　（本が私に与えられた）

(115a) の非文法性には，(113b) で用いた説明が適用される。すなわち，優勢性の高い要素が受動態の主語に生じているので，矛盾をきたし，この文は非文法的になっている。しかし，(115b) の文法性には，この説明を用いることはできない。なぜなら，(115b) は，優勢性の高い直接目的語の a book が主語の位置に移動して派生されているからである。この文の文法性は間接目的語に代名詞が生じていることが関係しているであろうが，いずれにしてもこの文の文法性の説明は問題になる。

Erteschik-Shir (1979) は，(115b) の文法性を説明するために，優位性の低い名詞句も優勢性の高い名詞句も受動化が可能ではないかと示唆している。しかし，そのように考えても，今度はなぜ (115a) が非文法的なのかについて再考する必要が生じてくる。ここでは問題点の指摘をすることにとどめ，その解決策の探求は今後の課題としたい。

6. 無生物主語を伴う二重目的語構文

二重目的語構文の主語が有生物であっても，意味的には無生物として解釈される場合がある。たとえば，(116) のような例には二つの読みがある。すなわち，①メイラーが本を所有するという読みと，②ニクソンがメイラーが本を書く原因になったという読みである。このほかに，メイラーが本を管理するという読みがあるが，本章ではこれについて特に議論しないことにする。

(116) Nixon gave Mailer a book.　　　　(Oehrle (1976: 27))
　　　(ニクソンはメイラーに本をあげた)

(116) が①の読みをもつ場合，Nixon は動作主という主題役割をもつ。ここで注目したいのは，②の読みである。この読みで

は，(117) のようにパラフレーズすることができる。

(117)　If it had not been for Nixon, Mailer would not have written a book.
　　　(ニクソンがいなかったならば，メイラーは本を書くことができなかっただろう)

この場合，主語の Nixon は「与える」という行為の動作主ではなく，「メイラーが本を書くことができた」という出来事の使役者 (Causer) という主題役割をもつ。したがって，この意味を維持して，(116) の主語 Nixon を interviewing Nixon に置き換えることは可能である。

(118)　Interviewing Nixon gave Mailer a book.
　　　(ニクソンにインタビューすることによって，メイラーは本を書くことができた)

同じことが次のような例にも言える。

(119)　The doctor gave Mary an attractive skin.
　　　(その医師はメアリー{を，に}魅力的な{皮膚にした，皮革品をあげた})　　　(Oehrle (1976: 63))

この文の意味は二とおりに曖昧で，(120) のような解釈が可能である。

(120) a.　Mary got an attractive skin.
　　　　(メアリーは素敵な皮革製品を手に入れた)
　　b.　Mary has an attractive look.
　　　　(メアリーは魅力的な容姿になった)

すなわち，「メアリーは医者から素晴らしい皮革製品をもらった」

という意味と「メアリーは医者による手術のおかげで素晴らしい容姿になった」という意味である。後者の意味では，主語の the doctor の代わりに the operation にすることもできる。

(121) The operation gave Mary an attractive skin.
（手術によってメアリーは魅力的な容姿になった）

本節では，(118)，(121) や次の (122) のような無生物主語を伴う二重目的語構文を取り上げ，この構文をとる動詞の種類とこの構文の意味的な特徴，特に，使役文への書き換え可能性，そしてこの構文の共通した意味について考察することにする。

(122) Certain information, while not specific as to target, gives the government reason to believe that there may be additional terrorists attacks within the United States and against U.S. interests overseas over the next several days.

FBI National Press (Oct. 11, 2001))

（何を対象にしているか特定されていないが，ある情報から政府はこの数日内に合衆国内や海外の合衆国関係者にまたテロリストの攻撃があるかもしれないということを信じるにたる理由を手に入れている）

そこで，まず第一に，無生物主語を伴う二重目的語構文にどのような動詞が生じるかについて考察する。

2.1 節で述べたように，有生物主語の二重目的語構文に生じる to クラスの動詞には次のようなものがある。

(123)　to クラス動詞
　　　a.　give 類

b. bring 類
   c. send 類
   d. read 類
   e. radio 類
   f. promise 類

これらの to クラス動詞には，無生物主語をとるものが比較的多く，give 類，bring 類，read 類，promise 類の動詞がそのような二重目的語構文に生起する。たとえば，give 類動詞と bring 類動詞を伴う無生物主語の二重目的語構文には，それぞれ次のような例が観察される。

(124) a. Mary's behavior gave John a clue to the difficult riddle.
      (メアリーの振る舞いによって，ジョンはその難しい謎を解く糸口を手に入れた)
   b. ?A smile and the offer of a check rented John the apartment.
      (にこっと微笑んで小切手を差し出すことによって，ジョンはそのアパートを借りられた)　　(Pesetsky (1995: 194))

(125) a. Talking to Bill for just a few seconds would have brought Sue a modicum of happiness.
      (少しの間ビルに話しかけたならば，スーはわずかな幸せな気分を味わっただろう)　　(Pesetsky (1995: 195))
   b. The conversation with Sue handed Bill a golden opportunity.
      (スーと話すことによって，ビルは幸運な機会を手に入れた)

また，read 類動詞と promise 類動詞を伴う無生物主語の二重

目的語構文の例は次のとおりである。

(126) a. A little experience will show Mary the absurdity of that claim.
(ほんの少し経験すれば，メアリーはその主張がばかばかしいと気づくでしょう)　　　(Green (1974: 159))

b. The experience taught John some secrets of Chinese cooking.
(その経験をすることによって，ジョンは中国料理の秘訣をいくつか学ぶことができた)

(127) a. The absence of competition would guarantee Mailer the prize money.
(競争相手がいないなら，メイラーはその賞金を確実に手に入れるだろう)

b. The greasy foods we eat permit us too much fat and cholesterol in our diets.
(私たちが食べる脂っこい食べものによって，多くの脂肪とコレステロールを食事で摂取している)

また，二重目的語構文に生じる for クラス動詞には次のようなものがある。

(128)　for クラス動詞
a. make 類
b. buy 類
c. sing 類
d. earn 類
e. move 類

これらの動詞の中で，buy 類動詞と earn 類動詞を伴う無生物

主語の二重目的語構文が観察された。

(129) a. His wealth could buy him neither youth nor digestion.
(彼の富をもってしても，彼は若さと丈夫な胃を手に入れることはできないだろう)

b. His insolence lost him his situation.
(彼は傲慢な性格のために地位を失った)

(130) a. Tolerance for your enemies will gain you no friends.
(敵に寛容すぎると友達がいなくなるだろう)

(Green (1974: 94))

b. The toleration of interruption will win you no converts.
(話の妨害に寛容すぎると転向者を得ることはないだろう)

(129), (130) は，それぞれ buy 類動詞と earn 類動詞を伴う無生物主語の二重目的語構文である。このように，無生物主語を伴う二重目的語構文には，比較的多くの種類の動詞が生起する。ただし，今回の調査は網羅的に行ったわけではなく，ここで指摘した動詞以外にも無生物主語を伴う二重目的語構文をとるものがあることは言うまでもない。

7. 無生物主語を伴う二重目的語構文の意味的な特徴

7.1. 英語の無生物主語を伴う二重目的語構文

本節では，英語の無生物主語を伴う二重目的語構文の意味的な特徴について考察する。すでに前節で述べたように，(116) の Nixon gave Mailer a book. という文には二つの読みがある。そ

のうちの 2 番目の読みでは，主語の Nixon が使役者としての主題役割を担い，Mailer が本を書くという出来事を引き起こす。したがって，to クラス動詞あるいは for クラス動詞を伴う無生物主語の二重目的語構文は，cause を用いた使役文にパラフレーズすることができるだろうと予測できる。そこで，そのようなパラフレーズが実際に可能かどうかについて調査を行った。

まず，to クラスの動詞を伴う二重目的語構文について考えてみよう。前節で見た (124) のような give 類動詞を伴う二重目的語構文を cause という動詞を用いて言い換えた場合，次のような表現が可能であることがインフォーマントによるチェックの結果判明した。

(131) a. Mary's behavior gave John a clue to the difficult riddle.　(= (124a))
   b. Mary's behavior caused John to {*give, *have, get} a clue to the difficult riddle.

(132) a. A smile and the offer of a check rented John the apartment.　(= (124b))
   b. A smile and the offer of a check caused John to {*rent, ??have, ?get} the apartment.

また，(125) のような bring 類動詞を伴う二重目的語構文の例を cause という動詞で言い換えた場合，次のような結果が得られた。

(133) a. Talking to Bill for just a few seconds would have brought Sue a modicum of happiness.　(= (125a))
   b. Talking to Bill for just a few seconds would cause Sue to {*bring, *have, ?get} a modicum of happi-

ness.

(134) a. The conversation with Sue handed Bill a golden opportunity. (= (125b))
   b. The conversation with Sue caused Bill to {*hand, *have, ?get} a golden opportunity.

同様に, (126) のような read 類動詞を伴う二重目的語構文の例を cause という動詞で言い換えた場合, 次のような結果が得られた。

(135) a. A little experience will show Mary the absurdity of that claim. (= (126a))
   b. A little experience will cause Mary to {*show, *have, perceive} the absurdity of that claim.
(136) a. The experience taught John some secrets of Chinese cooking. (= (126b))
   b. The experience caused John to {*teach, *have, learn} some secrets of Chinese cooking.

最後に, (127) のような promise 類動詞を伴う二重目的語構文の例を cause という動詞で言い換えた場合, 次のような結果が得られた。

(137) a. The absence of competition would guarantee Mailer the prize money. (= (127a))
   b. The absence of competition would cause Mailer to {*guarantee, *have, get} the prize money.
(138) a. The greasy foods we eat permit us too much fat and cholesterol in our diets. (= (127b))
   b. The greasy foods we eat cause us to {*permit,

??have, get} too much fat and cholesterol in our diets.

　上記のように，cause を伴う使役文にパラフレーズできるかどうかを調査したところ，このクラスの動詞は二つのタイプに大別できることが判明した。一つのタイプは，give 類動詞，bring 類動詞，そして promise 類動詞である。これらの動詞は cause 使役文の to 不定詞の動詞として生じない。また，二重目的語構文の特徴は間接目的語が直接目的語を所有するという HAVE の関係が成り立つことは周知の事実であるので，cause 使役文の to 不定詞の動詞に have が生じるかどうか調べたところ，そのようなパラフレーズ文は非文法的になることが分かった。しかし，これらの動詞を伴う二重目的語構文の例は，cause 使役文の to 不定詞の動詞に get を用いてパラフレーズすると文法的になる。これらの動詞を GET タイプ動詞と呼ぶことにする。

　もう一つのタイプの動詞は，read 類動詞の show と teach である。これらの動詞を伴う二重目的語構文の例である (135a)，(136a) は，cause 使役文の to 不定詞の動詞として，show，teach を用いてパラフレーズすることも，また，have を用いてパラフレーズすることも不可能である。ところが，show という動詞では cause 使役文の to 不定詞の動詞に perceive を用いてパラフレーズすると文法的になるし，また，teach という動詞では cause 使役文の to 不定詞の動詞に learn を用いると文法的になる。これは，それぞれ (135b)，(136b) が示すとおりである。これは GET タイプの場合と異なる点である。そこで，本節ではこれらの動詞を PERCEIVE/LEARN タイプ動詞と呼ぶことにする。

　以上をまとめると，主語に無生物をとり，動詞に to クラスの

動詞が生起する二重目的語構文（NP_1 V NP_2 NP_3）の基本的な意味は，次のように示すことができる。

(139) a.　give 類動詞, bring 類動詞, promise 類動詞
　　　　　NP_1 CAUSE NP_2 to GET NP_3
　　　b.　read 類動詞
　　　　　NP_1 CAUSE NP_2 to PERCEIVE/LEARN NP_3

次に，for クラスの動詞を伴う二重目的語構文のパラフレーズを考えてみよう。6節で述べたように，無生物主語を伴う二重目的語構文には，buy 類動詞と earn 類動詞が生起する。そこで，(129) のような buy 類動詞を伴う二重目的語構文の例についてインフォーマントによるチェックを行った結果，次のようにパラフレーズできることが判明した。

(140) a.　His wealth could buy him neither youth nor digestion.　(=(129a))
　　　b.　His wealth could cause him to buy neither youth nor digestion.
(141) a.　His insolence lost him his situation.　(=(129b))
　　　b.　His insolence caused him to lose his situation.

ここで注目すべきことは，cause 使役文の to 不定詞の動詞に当該の動詞そのものが生じることである。たとえば，buy 類の動詞を考えると，(140a) は「自分の富をもってしても，彼は若さも丈夫な胃も買えなかった」ことを意味しているが，この文は (140b) のように for クラス動詞の buy を用いた cause 使役文に書き換えることが可能である。また，(141a) は「傲慢さのゆえに，彼は地位を失った」ということを意味しているが，この文も (141b) のように for クラス動詞の lose を用いた cause 使役文

に書き換えることが可能である。

次に, (130) のような earn 類動詞を伴う二重目的語構文の例を考えてみよう。

(142) a. Tolerance for your enemies will gain you no friends.　(=(130a))

　　 b. Tolerance for your enemies will cause you to gain no friends.

(143) a. The toleration of interruption will win you no converts.　(=(130b))

　　 b. ?The toleration of interruption will cause you to win no converts.

earn 類の動詞である gain, win では, (142), (143) が示しているように, cause を伴う使役文の to 不定詞の動詞にこれらの for クラス動詞そのものが用いられる。これは buy 類の動詞と同様である。そこで, この種の動詞を BUY/EARN タイプ動詞と呼ぶことにする。

以上より, 主語に無生物をとり, 動詞に for タイプの動詞をとる二重目的語構文の意味は, 次のように示すことができる。

(144)　buy 類動詞, earn 類動詞
　　　　NP_1 CAUSE NP_2 to BUY/EARN NP_3

7.2.　日本語の無生物主語を伴う二重目的語構文

本節では, 日本語の無生物主語を伴う二重目的語構文がどのような使役文にパラフレーズできるかについて考察したい。日本語では無生物主語をきらう傾向があるので, 無生物主語を伴う二重目的語構文そのものが使用されないことが十分に考えられる。し

たがって,それを使役文にパラフレーズすること自体不自然なことであるかもしれない。しかし,本節ではそれを承知の上で,英語との対比を考察するために,あえて二重目的語構文の無生物主語をそのまま主語に用いてパラフレーズを行うことにする。

この種の構文に用いられる動詞は,英語の場合と同様に,3種類に分けることができる。まず,GETタイプを代表して,英語のgive類のgiveにあたる日本語の「与える」という動詞を伴う二重目的語構文を考えてみよう。

(145) a. 花子の行為が太郎に難しい謎を解く糸口を与えた。
b. 花子の行為が太郎に難しい謎を解く糸口を得させた。

(145a)は「花子の行為によって,太郎はその難しい謎を解く糸口を得ることができた」という言い方のほうが日本語としては適切なものになる。しかし,ここで注目すべきことは,主語の「花子の行為」が「太郎が難しい謎を解く糸口を得る」という事態を引き起こしたということである。したがって,この文を使役文を用いてパラフレーズすると (145b) のようになり,動詞は「得る」+「させる」からなる複合動詞「得させる」となっている。

このように日本語の GET タイプの動詞を伴う二重目的語構文のパラフレーズ文では「得る」が用いられるが,これは英語の GET タイプの場合と同じである。なぜなら,英語でも GET タイプの動詞を伴う二重目的語構文をパラフレーズすると,cause ... to get のように,「得る」にあたる get が用いられるからである。

次に,英語の動詞 PERCEIVE/LEARN タイプにあたる日本語の動詞を伴う二重目的語構文について考えてみよう。たとえば,PERCEIVE/LEARN タイプを代表して,英語の teach にあたる日本語の「教える」という動詞を伴う例は (146a) のよう

な文である。

(146) a. ほんの少しの経験が花子にその主張の愚かさを教えた。
  b. ほんの少しの経験が花子にその主張の愚かさを学ばせた。

(146a) も「ほんの少しの経験によって、花子はその主張の愚かさを学んだ」というほうが自然な日本語であろう。しかし、(146a) の意味することは、「ほんの少しの経験」が「花子がその主張の愚かさを学ぶ」という事態を引き起こしたことである。したがって、この文は (146b) のようにパラフレーズすることができる。

(146b) では、「学ばせる」という表現が用いられている。この表現は、「学ぶ」+「せる」からなる複合動詞である。このように日本語の LEARN タイプの動詞を伴う二重目的語構文のパラフレーズ文では「学ぶ」が用いられるが、これは英語の LEARN タイプのパラフレーズ文 cause ... to learn において、「学ぶ」にあたる learn が用いられるのと同じである。

最後に、英語の動詞 BUY/EARN タイプの動詞を伴う二重目的語構文を考えてみよう。たとえば、BUY/EARN タイプの代表例として、英語の lose にあたる日本語の「失う」という動詞を伴う例は (147a) のような文である。

(147) a. その事故が太郎に財産のすべてを失わせた。
  b. その事故が太郎に財産のすべてを失わせた。

(147a) も「その事故のために、太郎は財産のすべてを失った」と表現するほうが自然な日本語になるのは言うまでもない。ここで注目すべきことは、この文を使役文を用いてパラフレーズしよ

うとすると，(147b) のように「失う」という動詞を用いざるをえないことである。その結果，元の文とパラフレーズした文は同じになってしまう。

このことは，日本語も英語も共通している。すなわち，英語では lose を伴う二重目的語構文 (141a) をパラフレーズすると (141b) のように cause ... to lose となる。これと同じように，日本語の「失う」を伴う二重目的語構文 (147a) をパラフレーズすると，(147b) のように複合語「失う」+「せる」となる。どちらのパラフレーズ文でも，BUY タイプの動詞 lose や「失う」そのものが用いられる。

以上，三つのタイプの動詞を伴う二重目的語構文を見てきたが，そのパラフレーズ文に用いられる動詞は，英語でも日本語でも同じであると言える。これは，無生物主語をとる二重目的語構文の意味は同じ種類の述語で記述できるのではないかということを示している。

8. to/for 与格構文への交替について

本節では，無生物主語を伴う二重目的語構文は to/for 与格構文に交替できるかどうかについて考えてみよう。まず，to 与格動詞の GET タイプを伴う二重目的語構文では，例外があるものの，一般的には to 与格構文にすることはできない。

(148) a. Mary's behavior gave John a clue to the difficult riddle.
　　 b. *Mary's behavior gave a clue to the difficult riddle to John.
(149) a. A smile and the offer of a check rented John the

apartment.

b. *A smile and the offer of a check rented the apartment to John.

(Pesetsky (1995: 194))

(148), (149) の動詞は give 類の動詞である。これらの例が示すように，無生物主語を伴う二重目的語構文は to 与格構文に書き換えることはできない。

(150) a. Talking to Bill for just a few seconds would have brought Sue a modicum of happiness.
  b. Talking to Bill for just a few seconds would have brought a modicum of happiness to Sue.

(Pesetsky (1995: 195))

(151) a. The conversation with Sue handed Bill a golden opportunity.
  b. The conversation with Sue handed a golden opportunity to Bill.

(Pesetsky (1995: 195))

(150), (151) の動詞は bring 類の動詞である。これらの文は文法的であるので，この種の動詞を伴う二重目的語構文は to 与格構文に変換することができると言える。

(152) a. The absence of competition would guarantee Mailer the prize money.
  b. *The absence of competition would guarantee the prize money to Mailer.
(153) a. The greasy foods we eat permit us too much fat and cholesterol in our diets.

b. *The greasy foods we eat permit too much fat and cholesterol in our diets to us.

(152), (153) の動詞は promise 類の動詞である。これらの例が示すように，無生物主語を伴う二重目的語構文は to 与格構文に書き換えることはできない。

次に，to 与格動詞の PERCEIVE/LEARN タイプを伴う二重目的語構文について考えてみよう。

(154) a. A little experience will show Mary the absurdity of that claim.
  b. *A little experience will show the absurdity of that claim to Mary.

(Green (1974: 159))

(155) a. The experience taught John some secrets of Chinese cooking.
  b. *The experience taught some secrets of Chinese cooking to John.

(154), (155) の例が示しているように，この種の動詞を伴う二重目的語構文は to 与格構文に書き換えることはできない。

さらに，for 与格動詞の BUY/EARN タイプを伴う二重目的語構文について考えてみよう。

(156) a. His wealth could buy him neither youth nor digestion.
  b. *His wealth could buy neither youth nor digestion for him.
(157) a. His insolence lost him his situation.
  b. *His insolence lost his situation for him.

(156), (157) は buy 類の動詞を伴う二重目的語構文である。
(156b), (157b) が示すように，この種の二重目的語構文は，for 与格構文に書き換えることはできない。

最後に，earn 類の動詞を伴う二重目的語構文について考えてみよう。

(158) a. Tolerance for your enemies will gain you no friends.
  b. *Tolerance for your enemies will gain no friends for you.
(159) a. The toleration of interruption will win you no converts.
  b. *The toleration of interruption will win no converts for you.

(158b), (159b) が示しているように，これまでの例と同様，earn 類の動詞を伴う二重目的語構文は for 与格構文に書き換えることは不可能である。

このように，無生物主語を伴う二重目的語構文を to/for 与格構文に書き換えた場合，例外（すなわち，bring 類動詞）があるものの，基本的には書き換えができない場合が多いようである。

9. 無生物主語を伴う二重目的語構文の目的語間の統御関係

9.1. 非対称的な C 統御関係

二重目的語構文の間接目的語と直接目的語の間に非対称的な C 統御関係が存在することは，Barss and Lasnik (1986), Larson (1988a) 等で指摘されている。しかし，彼らが示している例は John, Mary などの有生物を主語とする二重目的語構文に限

られている。そこで，このような非対称的な C 統御関係が無生物主語を伴う二重目的語構文の間接目的語と直接目的語の間にも成立するかどうかについて考えてみよう。

まず，to 与格動詞の GET タイプを代表して give 類動詞の give について考えてみよう。

(160) a. ?Working together gave each man the other's companionship.
    (一緒に働くことによってお互い仲間意識が生じた)
   b. *Working together gave the other's man each companionship.

(160a) のみ文法的である。4 節で述べたように，each … other 表現では，each 要素が other 要素を非対称的に C 統御しなければならない。

(161) a. Each of us praises the other.
    (われわれはお互い褒め合っている)
   b. *The other praises each of us.

(161a) では，each (of us) が主語の位置にあり，the other が目的語の位置にある。したがって，each (of us) が the other を非対称的に C 統御していることになる。これに対して，(161b) では the other が主語の位置にあり，each (of us) が目的語の位置にある。つまり，each (of us) は the other を非対称的に C 統御していない。ここで，(161a) の文法性を考えると，each (of us) は the other を非対称的に C 統御しなければならないということになる。

また，4 節で示したように，二重目的語構文の間接目的語は直接目的語を非対称的に C 統御している。

このことを念頭に入れて (160) を考えると，文法的な文は (160a) であり，each 要素が間接目的語の位置にあり，the other 要素が直接目的語の位置にある。したがって，無生物主語を伴う二重目的語構文でも，間接目的語は直接目的語を非対称的に C 統御していることを示している。

次に，to 与格動詞の PERCEIVE/LEARN タイプ動詞を代表して show の例を考えてみよう。

(162) a. The experience showed each man the other's folly.
    (そのような経験をすることによって，お互いが愚かであったことを理解した)
   b. *The experience showed the other's man each folly.

(162a) では，each 要素が間接目的語の位置にあり，the other 要素が直接目的語の位置にある。(162b) はそれらの要素が逆の位置に生じている。(162a) のみが文法的であるので，間接目的語が直接目的語を非対象的に C 統御していることになる。

最後に，for 与格動詞の BUY/EARN タイプの動詞を考えてみたい。このタイプの動詞を代表して lose を考えると，その例は以下のとおりである。

(163) a. The quarrel lost each man the other's friendship.
    (その喧嘩によって，お互いの友情が失われた)
   b. *The quarrel lost the other's man each friendship.

ここでも，each 要素が間接目的語の位置にあり，the other 要素が直接目的語の位置にある (163a) のほうが文法的である。

したがって，以上の三つのタイプの動詞を伴う無生物主語の二重目的語構文から言えることは，有生物主語を伴う二重目的語構文と同様に，間接目的語は直接目的語を非対称的に C 統御して

9.2. 後方束縛現象

最後に，無生物主語を伴う二重目的語構文に見られる後方束縛現象を考えてみよう。この現象を考えるためには，まず，束縛現象について理解しなければならない。4 節で述べたように，再帰代名詞は先行詞によって非対称的に C 統御されなければならない。

(164) a.　John criticized himself.
　　　　　（ジョンは自分自身を批判した）
　　 b.　*Himself criticized John.

(164a) では，John が主語の位置にあり，再帰代名詞の himself が目的語の位置にある。したがって，himself は John によって非対称的に C 統御されていることになる。その結果，(164a) は文法的になっている。これに対して，(164b) では himself が John を非対称的に C 統御しているので，この文は非文法的である。同じことが相互代名詞でも言える。

(165) a.　John and Mary criticized each other.
　　　　　（ジョンとメアリーはお互いを批判した）
　　 b.　*Each other criticized John and Mary.

このように再帰代名詞や相互代名詞は，先行詞によって非対称的に C 統御されなければならない。換言すると，これら二つの要素の間でそのような統御関係が成立するならば，再帰代名詞や相互代名詞は先行詞によって束縛されると言う。

(164a), (165a) のようなケースは通常の束縛現象である。しかし，make, cause などの使役動詞や please, annoy などの心

理動詞では，再帰代名詞が先行詞によって非対称的に C 統御されていないにもかかわらず文法的になる例がある。

(166) a. Those rumors about himself made John angry.
(自分自身の噂によってジョンは激怒した)

　　b. Pictures of himself caused John to start crying.
(自分自身の写真によってジョンは泣き始めた)

　　c. Pictures of himself pleased John.
(自分自身の写真によってジョンは喜んだ)

　　d. The rumor of himself annoyed John.
(彼自身の噂のよってジョンはいらいらした)

(166) では先行詞の John が目的語の位置に生じ，再帰代名詞の himself が主語の位置に生じている。したがって，再帰代名詞は先行詞によって非対称的に C 統御されることはない。しかしながら，(166) はすべて文法的な文である。このように，語順において後にある先行詞が前にある再帰代名詞を指し示すことができる場合がある。このような現象は後方束縛現象と呼ばれている。

これを念頭において，無生物主語を伴う二重目的語構文の束縛現象を見てみよう。まず，to 与格構文の GET タイプ (give 類動詞と bring 類動詞) では，このような後方束縛現象が起こる。

(167) a. Each other's remarks gave Bill and Mary a book.
(お互いの意見によってビルとメアリーは本を書くことができた)　　　　　　　　　　　　　(Pesetsky (1995: 201))

　　b. Talking to himself for just a few seconds brought John a modicum of calmness.
(ほんの少しの間自分自身に話しかけることによって，ジョ

ンは少し落ち着きを取り戻した)

(167a, b) はそれぞれ相互代名詞，再帰代名詞の例である。これらの例では，先行詞が間接目的語の位置にあり，相互代名詞や再帰代名詞が主語の位置にある。したがって，(167) は後方束縛現象を示している。

次に，to 与格動詞の PERCEIVE/LEARN タイプの場合を考えてみよう。

(168) a. ?These pictures of himself showed John his days of happiness and wealth.
(これらの自分自身の写真によってジョンは幸せで裕福な時代のことを思い出した)
b. Those books about himself taught Bill the meaning of caution.
(これらの自分自身についての本によってビルは警告の意味を理解した) ((b): Pesetsky (1995: 201))

(168) は read 類動詞の show と teach の例である。(167) と同様に，先行詞が間接目的語の位置にあり，再帰代名詞が主語の位置にある。(168) の文は文法的であるので，やはり，このタイプの動詞を伴う二重目的語構文も後方束縛現象を示す。

最後に，for 与格動詞の BUY/EARN タイプの動詞を考えてみよう。

(169) a. The book about himself lost John his situation.
(その自分自身についての本によってジョンは自分の地位を失った)
b. Tolerance for himself will gain John a lot of friends.

(自分自身に寛容であるのでジョンには多くの友達がいるだろう)

(169) は buy 類動詞の lose と earn 類動詞の gain の例である。やはり，上記二つのタイプの例と同様に，主語にある再帰代名詞あるいは相互代名詞が間接目的語の先行詞によって後方照応的に束縛されている。

これに対して，有生物主語を伴う二重目的語構文では後方束縛現象は見られない。

(170) *Each other's friends sent John and Mary a letter.

また，行為動詞を伴う文でもこの現象は見られない。

(171) a. *Each other's stupid friends eventually killed John and Mary.
   b. *Each other's teachers insulted John and Mary.

(Pesetsky (1995: 44))

したがって，後方束縛現象は (166) のような使役動詞や心理動詞だけでなく，無生物主語を伴う二重目的語構文に見られる特徴と言える。これらの文に共通しているのは，主語がある出来事を引き起こす使役者という主題役割を担っていることである。

10. 結び

本章では，二重目的語構文について考察した。2 節では，to 与格構文に交替可能な動詞と具体例を示した。また，この種の動詞を伴う二重目的語構文でも，状況により to 与格構文に交替できない場合がある。この節では，どのような場合に交替不可能で

あるかについても考察した。さらに、for 与格構文に交替可能な動詞と具体例を示した。3節では、二重目的語構文の意味的な特徴、特に、間接目的語と直接目的語の間に所有関係が成立することについて論じた。4節では、二重目的語構文の二つの目的語の構造的な位置関係と二重目的語構文の構造について考察した。5節では、二重目的語構文の統語的な特徴、たとえば、間接目的語の取り出しの不可能性、受動態の可否、そして情報構造等について議論した。5節までは有生物主語を伴う二重目的語構文について論じたが、6節から9節までは無生物主語を伴う二重目的語構文について考察した。6節では、無生物主語を伴う二重目的語構文にどのような動詞が生起し、具体的な例としてどのようなものがあるか示した。また7節では、無生物主語を伴う二重目的語構文の意味的な特徴を、8節では無生物主語を伴う二重目的語構文の与格構文との交替の可能性について、そして9節では無生物主語を伴う二重目的語構文に見られる後方束縛現象について議論した。

このように、本章では二重目的語構文についてさまざまな角度から考察してきた。しかし、二重目的語構文の二つの目的語の間に見られる所有関係の統語的な説明は、紙面の都合上、しなかった。詳しくは、Oba (2004) を参照されたい。

第 4 章

小節構文

1. はじめに

文には，主語と述語からなる単文 (simple sentence)，複数の単文が等位接続詞で結ばれた重文 (compound sentence)，そして主節，従属節からなる複文 (complex sentence) がある。さらに複文には，主節を修飾するような位置に従属節が生じるものと，主節動詞の目的語（補部）位置に従属節が生じるものがある。本章では後者を議論の対象とする。

そこで，具体的に動詞 believe を考えてみると，次のような2種類の従属節（以下，これを埋め込み節と呼ぶ）が目的語位置に生起する。

(1) a.　John believes that Bill is intelligent.
　　　　（ジョンはビルが聡明であると思っています）
　　b.　John believes Bill to be intelligent.
　　　　（ジョンはビルを聡明だと思っています）

(1a) の埋め込み節は that 節であり，(1b) の埋め込み節は不定詞節である。

ところが，believe を主節動詞とする文には，(1) のほかに (2) のような文も存在する。

(2)　John believes Bill intelligent.
　　　（ジョンはビルを聡明だと思っています）

学校文法では，この種の文を単文と見なし，英語の5文型で言えば第5文型にあたるものとしている。それに対して，生成文法では (2) を複文と見なす。なぜなら，(2) の埋め込み節は，Bill と intelligent から成り立ち，それぞれが主語，述語として機能しているからである。

このように，(2) の埋め込み節は (1) の that 節や不定詞節と同様に，主語と述語から成り立っている。しかし，この埋め込み節は，(1) の埋め込み節と比較すると次のような特徴が見られる。

(3) a. that 節や不定詞節とは異なり，接続詞 that や，時制要素 to と be 動詞の両方を欠いている。
   b. that 節とは異なり，埋め込み節の主語には対格をもつ要素が生じる。

(2) の埋め込み節が (3a) の特徴をもつことは，(4) のような文が非文法的であることから分かる。

(4) a. *John believes that Bill intelligent.
   b. *John believes Bill to intelligent.
   c. *John believes Bill be intelligent.

(4a) が示すように，接続詞 that は (2) の埋め込み節 (Bill intelligent) の前に生起できない。これに対して，(1a) では接続詞 that が随意的に生起する。

また (4b, c) では，埋め込み節に時制要素 to あるいは be 動詞が存在する。これらの文は非文法的である。しかし，(4b, c) の埋め込み節から時制要素 to あるいは be 動詞を削除すれば，(2) のような文法的な文になる。したがって，(2) の埋め込み節はこの二つの要素を欠いていることになる。

このように，(2) の埋め込み節は (1a) の that 節と異なり接続詞 that を伴わないし，また，(1b) の不定詞節と異なり時制要素 to や be 動詞を伴わない。したがって，(2) の埋め込み節は，that 節や不定詞節より小さい節である。そのために，この種の節は小節 (Small Clause) と呼ばれ，そして小節を含む(構)文は

小節構文 (Small Clause Construction) と呼ばれる。

また，(2) の小節が (3b) の特徴をもつことは，次のような例から分かる。

(5) John believes him intelligent.
（ジョンは彼を聡明だと思っています）

(2) の小節の主語には，Bill が生じている。英語の固有名詞は格変化しないので，Bill が対格であるかどうか判断できない。しかし，(5) では Bill の代わりに代名詞 him が生じている。これと同じ状況は，次のような例にも見られる。

(6) a. Do you expect {Bill/me} to believe that?
（あなたは {ビル／私} がそんな話を信じると思っているの）
b. Mary proved {Bill/herself} to be right.
（メアリーは {ビル／自分自身} が正しいことを証明した）

格付与は，通常，一つの文中で行われる。たとえば，最近の生成文法のミニマリスト・プログラムでは，第 2 章や第 3 章で述べたように，I hit him. のような文の目的語 him は，他動詞と連動している軽動詞 v によって対格の値が与えられると考えられている。しかし，(6) の不定詞節 (me to believe that / herself to be right) の主語である me や herself は，この節の中で対格の値が与えられることはない。なぜなら，この埋め込み節の中には，主語の me や herself の前に他動詞に連動している軽動詞 v は存在しないからである。しかし，これらの主語は対格が付与されているので，(6) の主節動詞である expect や prove に連動した軽動詞 v が，節を超えてこれに対格の値を付与すると考えられる。これは通常の格付与と異なるので，生成文法では例外的な格

標示 (Exceptional Case-marking) と呼ばれている。

これと同じ方法により，(2) や (5) の小節の主語に対格の値が付与されるものと考えられる。

本章では，このような特徴をもつ小節構文について考察する。次の2節では小節の主語について議論し，3節では主節の動詞と小節の述語の間における統語範疇に関する選択制限と意味的制限について検討する。4節では小節構文に見られる統語的な特徴について考察し，5節では小節の構造について議論する。6節では小節の意味的な特徴を that 節や不定詞節と比較しながら考え，7節は結びとする。

2. 小節の主語について

本節では，次のような例において，him が主語であることを示す統語的な証拠を見る。

(7) She considers him a scholar.
 (彼女は彼を学者だと思っています)

周知のように，(7) は次のような文と論理的に同義である。

(8) a. She considers that he is a scholar.
 (彼女は彼が学者であると思っています)
 b. She considers him to be a scholar.
 (彼女は彼を学者だと思っています)

したがって，(7) の him は a scholar の主語として機能していると理解できる。

しかし，意味的な側面だけでなく，構造的・統語的な側面からも，(7) の him が主語であることを示す証拠がある。

(9) a. I consider [it time to leave].
   (私は出発する時間だと思います)
 b. I consider [the president entirely responsible himself].
   (私は大統領彼自身がまったく責任があると思います)
 c. I consider [not many people suitable for the post].
   (私は多くの人がその地位に相応しいわけではないと思います)
 d. I consider [Bill alone responsible for the accident].
   (私はビルだけがその事故に責任があると思います)

(Radford (1988: 325-326))

　ここで，説明の便宜上，小節を一般化して [NP XP] と表示することにしよう。そうすると，(9a) では，NP の位置に時間を表す it が生起している。この要素は主語の位置にしか生じないので，(9a) の it は統語的に主語として機能していると言える。

　また (9b) では，小節の述語 XP の中に強調を表す再帰代名詞 himself が現れている。この再帰代名詞は，(10) のように，主語しか先行詞にとることはできないという特性をもつ。

(10) a. John is leaving himself.
   (ジョン彼自身が出発するところである)
 b. *I promised him to leave himself.

　(10a) の強調の再帰代名詞 himself は，主語の John を先行詞にとっている。しかし，(10b) の再帰代名詞は him を先行詞にとっているが，him は主語ではなく，動詞 promise の目的語で

ある。(10a) は文法的であるが，(10b) は非文法的であるので，強調の再帰代名詞は主語のみを先行詞にとる，ということになる。このような事実より，(9b) の小節の NP (the president) は主語の位置を占めていることが分かる。

また (9c, d) では，小節の NP の位置にそれぞれ not many people や Bill alone という表現が生じている。これらの要素は，次の例が示すように，主語以外の位置には生起できない。

(11) a. *Joe kissed not many models.
　　 b. *Sally talked to Bob about not many problems.
(12) a. *I believed that alone.
　　 b. *I refuse to work with her alone.

(Radford (1988: 326))

したがって，(9c, d) の事実も小節の NP が統語的に主語として機能していることを示している。

以上より，小節 [NP XP] において，NP は意味的にも，また，統語的にも主語であると言える。

3. 小節構文の統語範疇に関する選択制限と意味的制限

本節では，主節動詞と小節の述語の間に見られる統語範疇に関する選択制限と意味的制限について考える。まず，指摘しておかなければならないことは，埋め込み節として小節をとる動詞はそれほど多くはない，ということである。本節では，小節を埋め込み節にとる動詞の中で，認識動詞，知覚動詞，予想・期待動詞，遂行動詞を取り上げ，その代表的な動詞が小節の述語としてどのような種類の統語範疇を選択し，その述語に対してどのような意味的制限を課しているかについて具体的な例を見ながら考察し

たい。

　まず，認識動詞 consider の場合を考えてみよう。consider は小節の述語として形容詞句（AP），名詞句（NP）／限定詞句（DP）（説明の都合上，以下では名詞句を統一的に用いる），前置詞句（PP），動詞句（VP）のすべての統語範疇を選択することができる。

(13) a.　I consider this discussion [_AP useless].
　　　　（私はこの議論を無駄だと思います）
　　b.　I consider him [_NP a jerk].
　　　　（私は彼を間抜けだと思います）
　　c.　I consider Mary [_PP out of humor in the morning].
　　　　（私はメアリーが午前中は不機嫌だと思います）
　　d.　I consider your daughters [_VP all grown up].
　　　　（私はあなたの娘たちがすっかり大人になったと思います）

　ここで注目すべきことは，(13a, b) だけが学校文法の英語5文型の第5文型に当てはまり，(13c, d) はこの文型に当てはまらない，ということである。しかし，(13) は小節構文という名のもとで一括りにすることができる。したがって，高等学校や大学等において，英語5文型だけでなく構文についても教えるならば，英文解釈のみならず和文英訳にも役立ち，幅の広い教育内容になると思われる。

　ともあれ，このように consider は小節の述語として四つの統語範疇を選択するが，動詞句の場合には過去分詞（これを動詞句 (V-en) と表示する）によって構成されものに限られる。動詞句にはほかに現在分詞（これを動詞句 (V-ing) と表示する）や動詞の原形（これを動詞句 (V) と表示する）から構成されるものがあるが，これらは consider の小節の述語として認められない。

(14) a. *I consider there [vp being a serious problem].
   b. *I consider Mary [vp like painting].

また，意味的な観点から言えば，認識動詞 consider は小節の述語として事態の状況 (state of affairs) を表す表現を選択する。たとえば，(13) を考えると，小節の述語の形容詞句，名詞句，前置詞句，動詞句はそれぞれ「無駄だ」「間抜け」「不機嫌だ」「大人になっている」というように事態の状況を表している。しかし，小節の述語が (13) と同様に形容詞句，名詞句，前置詞句，動詞句であっても，意味的に事態の変化 (change of affairs) を表す場合には，それらの文は非文法的になる。これを確認するために，次のような例を考えてみよう。

(15) a. *I consider the patient [AP dead by tomorrow].
   b. *I consider him [NP an attorney by the end of the year].
   c. *I consider the sailor [PP off my ship by midnight].
   d. *I consider the murderer [VP arrested soon].

(15) の小節の述語は，それぞれ「明日までに死ぬ」「年末までになる弁護士」「真夜中までに船を降りる」「まもなく逮捕される」を意味する。これらの述語は，どれも事態の変化を表している。(15) が非文法的であることは，小節の述語が事態の変化を表すことはできないことを示している。

以上より，認識動詞 consider は小節の述語として①統語範疇の形容詞句，名詞句，前置詞句，動詞句 (V-en) を選択し，②意味的には事態の状況を表す述語を選択する，ということになる。

次に，consider と同じ認識動詞の think について考えてみよう。この動詞は consider の場合と異なり，小節の述語として形

容詞句，名詞句，前置詞句を選択するが，動詞句は選択しない。

(16) a. I think him [_AP_ competent for the job].
（私は彼がその仕事に対して有能だと思います）
  b. I think him [_NP_ a good policeman].
（私は彼を善良な警察官だと思います）
  c. I think this machine [_PP_ out of order].
（私はこの機械が故障していると思います）
(17) a. *I think the murderer [_VP_ arrested].
  b. *I think Tom [_VP_ being knowledgeable about the law].
  c. *I think Tom [_VP_ live in Chicago].

(16)では，小節の述語として形容詞句，名詞句，前置詞句が生じている。これらはすべて文法的である。これに対して，(17)は小節の述語として動詞句 (V-en)，動詞句 (V-ing)，動詞句 (V) が生起している。consider は (13d) のように，動詞句 (V-en) を小節の述語として選択するが，think は (17) から分かるように，すべての動詞句を小節の述語として選択することはできない。

また，(16) の小節の述語は，それぞれ「有能である」「善良な警察官である」「故障している」などのように事態の状況を表している。したがって，think は意味的に事態の状況を表す述語を選択する。

さらに，think の場合には，小節の述語は程度や度合いを表す表現でなければならない。そこで，次のような例を考えてみよう。

(18) a. *I think the patient [_AP_ dead].

b. *I think you [NP a policeman].

(18)の小節の述語は「死んでいる」「警察官である」という事態の状況を表すが，程度を表す表現ではない。たとえば，beautiful という程度表現を考えてみると，very beautiful のように程度を示す副詞と共起するが，dead「死んでいる」という表現では very dead とは言えない。したがって，dead は程度を表す表現ではないと考えられる。警察官という表現も同じである。(18)が非文法的であるので，think は小節の述語に統語範疇の形容詞句，名詞句を選択するが，意味的には程度を示す事態の状況を表すものでなければならない。同じようなことが，次の例にも当てはまる。

(19) a. *I think him [NP a student].
 b. I think him [NP an earnest student].
 （私は彼が真面目な学生だと思います）

(19a) の a student は程度を表す表現ではないが，(19b) の an earnest student は「熱心な学生」を意味し，形容詞 earnest により全体として程度表現となっている。したがって，(19b) は文法的である。

この点は consider と異なるところである。consider では次の例に見られるように，小節の述語が程度を表さない事態の状況表現でも許される。

(20) a. I consider Mary [AP Mexican].
 （私はメアリーがメキシコ人だと思います）
 b. I consider Bill [NP Bob's friend].
 （私はビルがボブの友人だと思います）

先に見た consider の例 (13a, b) では，小節の述語は事態の状

況を表し，かつ，程度表現である。一方，(20a, b) の場合，小節の述語は事態の状況を表すが，程度を表す表現ではない。したがって，consider は think の場合と異なり，小節の述語に対する意味的な制限が厳しくはないと言える。

ただ，think の小節の述語は consider の場合と同様に，事態の変化を表すことはできない。そこで，(16c) と次のような例を比較してみよう。

(21) *I think the sailor [PP off my ship by midnight].

(16c) の小節の述語は事態の状況を表すが，(21) の小節の述語は事態の変化を表す。(16c) は文法的であるが，(21) は非文法的である。この状況は，consider の例 (13c) と (15c) の状況と同じである。すなわち，think は consider と同様に，小節の述語として事態の変化を表すものを選択できない。

以上より，think は小節の述語として①統語範疇の形容詞句，名詞句，前置詞句を選択し，②意味的には程度を表す事態の状況表現を選択する，ということになる。

さらに，同じ認識動詞である deem を考えてみよう。

(22) a. I deem him [AP innocent].
  b. I deem him [NP a fool].
   （私は彼をばかだと思います）
  c. I deem this machine [PP out of order].
  d. I deem the contract [VP broken].
   （私はその契約が破棄されていると思います）
(23) a. *I deem there [VP being a problem].
  b. *I deem John [VP work hard].

(22), (23) が示しているように，deem は小節の述語として形

容詞句，名詞句，前置詞句，動詞句 (V-en) を選択するが，動詞句 (V-ing)，動詞句 (V) は選択しない。

また，(22) から分かるように，deem は小節の述語として事態の状況を表すものを選択する。さらに，小節の述語は次の例が示しているように，程度を表すものでなければならない。

(24) a. *I deem her [_AP_ Mexican].
　　 b. *I deem him [_NP_ a policeman].

加えて，これまでの動詞と同様に，deem の小節の述語は事態の変化を表すことはできない。

(25) a. *I deem the sailor [_PP_ off my ship by tomorrow].
　　 b. *I deem that murderer [_VP_ arrested soon].

したがって，deem は小節の述語に対して consider と同様の統語範疇に関する選択制限と think と同様の意味的な制限を課していると考えられる。

次に，知覚動詞 find について考えてみよう。この動詞は小節の述語として形容詞句，前置詞句，動詞句 (V-en)，動詞句 (V-ing) を選択するが，名詞句と動詞句 (V) は選択しない。

(26) a.　I found this discussion [_AP_ useless].
　　　　（私はこの議論を無駄だと気づいた）
　　 b.　I found this machine [_PP_ out of order].
　　　　（私はこの機械が故障だと気づいた）
　　 c.　Mary found her teacup [_VP_ broken].
　　　　（メアリーは彼女のティーカップが壊れているのに気づいた）
　　 d.　When Tom got home, he found the front door [_VP_ missing].

(トムが家に帰ってきたとき，玄関のドアがなくなっているのに気づいた)

(27) a. *I find him [NP an innocent].
　　 b. *I found John [VP live in New York].

また意味的には，この動詞は認識動詞と同様に，事態の状況を表す表現を小節の述語として選択する。たとえば，(26b, d) の小節の述語は前置詞句と動詞句 (V-ing) であり，意味的には「故障している」「なくなっている」というように事態の状況を示している。

また，find の小節の述語は，認識動詞 think や deem と同様に，程度を表さなければならない。たとえば，(26a) と次の (28) を比較してみよう。

(28) *I found Mary [AP Mexican].

(26a) の小節の述語は程度表現であるが，(28) の小節の述語は程度表現ではない。この文が非文法的であることにより，find の小節の述語は程度表現を用いた事態の状況を表すものでなければならないと言える。

さらに，find は認識動詞 consider, think, deem と同様に，事態の変化を表すものを小節の述語として選択することはできない。

(29) a. *I found the sailor [PP off my ship by midnight].
　　 b. *I found the earth [VP going round the sun].

(29) の小節の述語は事態の変化を表していて，これらの文は非文法的である。これに対して，文法的な (26b, d) では，小節の述語の統語範疇は (29) と同様に前置詞句と動詞句 (V-ing) であるが，意味的には事態の状況を表している。したがって，find

の小節の述語は，事態の変化を表すことはできない。

以上より，知覚動詞 find は小節の述語として①統語範疇の形容詞句，前置詞句，動詞句 (V-en)，動詞句 (V-ing) を選択し，②意味的に程度を表す事態の状況表現を選択する，ということになる。

続いて，予想・期待を表す動詞の expect について考えてみよう。この動詞の小節の述語に対する統語範疇の選択制限はこれまでの動詞に比べて厳しい。

(30) a. I expect that man [$_{AP}$ dead by tomorrow].
(私はその男が明日までに死ぬだろうと予想している)
   b. I expect that sailor [$_{PP}$ off my ship by midnight].
(私はその船乗りが真夜中までに船を降りるだろうと予想している)

(31) a. *I expect him [$_{NP}$ an attorney by the end of the year].
   b. *I expect you [$_{VP}$ married to Mary by next year].
   c. *I expect you [$_{VP}$ standing up] when the judge arrives.
   d. *I expect Tom [$_{VP}$ work hard].

(30) では，expect が小節の述語として形容詞句，前置詞句を選択している。また (31) では，expect が小節の述語として名詞句，動詞句 (V-en)，動詞句 (V-ing)，動詞句 (V) を選択している。文法的であるのは，前者のみである。したがって，expect は小節の述語として形容詞句と前置詞句しか選択しないと言える。

さらに，expect は，認識動詞 consider, think, deem や知覚動詞 find などと異なり，意味的に事態の変化を表す述語しか選

択しない。これを確認するために,次のような例を見てみよう。

(32) a. *I expect this discussion [_AP useless].
　　 b. *I expect that island [_PP off the route].

(32) の小節の述語は,事態の状況を表している。これらの文は非文法的である。これに対して,(30) の小節の述語は事態の変化を表し,この文は文法的である。したがって,expect の小節の述語は事態の変化を表さなければならないと言える。

以上より,予想・期待を表す動詞 expect は小節の述語として①統語範疇の形容詞句,前置詞句を選択し,②意味的に事態の変化を表す表現を選択する,ということになる。

最後に,遂行動詞 declare, pronounce について考えてみよう。まず,declare については,次のような事実が観察される。

(33) a.　The judge declared him [_AP innocent].
　　　　（その裁判官は彼を無罪だと断言した）
　　 b.　They declared him [_NP an honest man].
　　　　（彼らは彼を正直な人だと断言した）
　　 c.　The publisher declared the book [_PP out of print].
　　　　（その出版社はその本が絶版だと断言した）
　　 d.　We declared Mr. Green [_VP elected by landslide].
　　　　（われわれはグリーン氏が選挙で圧倒的勝利で選ばれたと断言した）
(34) a.　*They declared there [_VP being an earthquake].
　　 b.　*He declared them [_VP discover a new comet].

(33),(34) から分かるように,declare は小節の述語として形容詞句,名詞句,前置詞句,動詞句 (V-en) を選択するが,動詞句 (V-ing),動詞句 (V) は選択しない。また,(33) が示すよう

に，declare の小節の述語は意味的には程度を表す事態の状況表現である。しかし，declare の小節の述語は，必ずしもそのような程度表現でなくてもよい。

(35) a. They declared the emperor [AP dead].
    (彼らは皇帝が死んでいると宣言した)
  b. They declared him [NP a Mexican].
    (彼らは彼をメキシコ人だと宣言した)

また，declare の小節の述語は，事態の状況だけでなく，事態の変化も表すことができる。

(36) They declared railroad fares [VP raised by 30 percent next January].
   (彼らは鉄道料金が来年の1月に30%値上がりすると宣言した)

(33d) の小節の述語は，「選ばれた」という事態の状況を表す。これに対して，(36) の小節の述語は「値上がりする」という事態の変化を表している。これらの文はともに文法的である。したがって，declare の小節の述語は事態の状況だけでなく事態の変化も表すことが可能だと言える。

以上より，declare は小節の述語として①統語範疇の形容詞句，名詞句，前置詞句，動詞句 (V-en) を選択し，②意味的に事態の状況ならびに事態の変化を表すものを選択する，ということになる。また，小節の述語が事態の状況を表す場合，必ずしも程度表現でなければならないということはない。

最後に，同じく遂行動詞である pronounce について考えてみよう。興味深いことに，この動詞は declare と同じく形容詞句，名詞句，前置詞句，動詞句 (V-en) を選択し，動詞句 (V-ing)，

動詞句 (V) は選択しない。

(37) a. The judge pronounced him [AP innocent].
(その裁判官は彼を無罪だと宣告した)
b. They pronounced Mary and Tom [NP an engaged couple].
(彼らはメアリーとトムを婚約したカップルだと断言した)
c. The publisher pronounced the book [PP out of print].
(その出版社はその本を絶版だと断言した)
d. We pronounced Mr. Green [VP elected by land-slide].
(われわれはグリーン氏が選挙で圧倒的勝利で選ばれたと断言した)

(38) a. *They pronounced a typhoon [VP coming].
b. *He pronounced him [VP discover a new comet].

また, pronounce の小節の述語には, (37a) のように程度を表す事態の状況だけでなく, 次のように程度を表さない表現も認められる。

(39) a. They pronounced the emperor [AP dead].
(彼らはその皇帝が死んだと断言した)
b. They pronounced Mary [NP a Mexican].
(彼らはメアリーをメキシコ人だと断言した)

さらに, pronounce の小節の述語は (37c, d) のように事態の状況だけでなく, 次の例のように事態の変化も表すことができる。

(40) They pronounced railroad fares [VP raised 30 percent

next January].

したがって，遂行動詞 pronounce は小節の述語に対して declare と同じような統語範疇に関する選択制限と意味的な制限を課していると言える。

以上をまとめると，主節動詞とそれを目的語にとる小節の述語との間には，次のような統語範疇に関する選択制限と意味的な制限がある。

(41)

	統語範疇に関する選択制限						意味に関する制限	
	AP	NP	PP	VP(V-en)	VP(V-ing)	VP(V)	事態の状況(程度)	事態の変化
consider	○	○	○	○	×	×	○ (○/×)	×
think	○	○	○	×	×	×	○(○)	×
deem	○	○	○	○	×	×	○(○)	×
find	○	×	○	○	○	×	○(○)	×
expect	○	×	○	×	×	×	×	○
declare/ pronounce	○	○	○	○	×	×	○ (○/×)	○

(41) の統語範疇に関する選択制限の○と×は，それぞれの動詞が小節の述語として当該の要素を「選択する」と「選択しない」ことを意味する。また，意味的な制限では，○と×は事態の状況や事態の変化を「選択する」と「選択しない」を意味する。また，事態の状況（程度）における（○）は，小節の述語が事態の状況であるとともに，その述語が程度表現であることを意味してい

る。また，同じ欄の（○／×）は，その述語が程度表現であってもなくてもよいことを示す。

この表から分かることは，小節をとる動詞と小節の述語との間には，統語範疇に関する選択制限だけでなく，意味的な制限があることである。したがって，このような範疇的な制限と意味的な制限を知っておけば，小節構文をよりよく理解することができるであろう。

4. 小節構文の統語的な特徴

本節では，小節構文がどのような統語的な特徴を持っているかについて考察したい。

4.1. 束縛現象

束縛現象は第2章6節や第3章4節においてすでに説明したように，再帰代名詞や相互代名詞（以後，これらを合せて照応詞と呼ぶ）とそれが指し示す表現（以後，これを先行詞と呼ぶ）が原則として同じ文の中に存在するような現象を言う。たとえば，次のような例を考えてみよう。

(42) a.　John can feel proud of himself.
　　　　（ジョンは自分自身を誇りに感じることができる）
　　b.　*Mary can feel proud of himself.
(43) a.　John and Mary like each other.
　　　　（ジョンとメアリーはお互いに愛し合っている）
　　b.　*He likes each other.

(42a) には，再帰代名詞 himself とその先行詞 John が存在する。これに対して，(42b) には再帰代名詞 himself があるが，そ

の先行詞は存在しない。なぜなら, (42b) には Mary は女性であるので, himself の先行詞になりえないからである。また (43a) には, 相互代名詞 each other とその先行詞 John and Mary が存在する。しかし (43b) には, 相互代名詞 each other の先行詞は存在しない。なぜなら, この文にある he は単数であるので, 複数の先行詞を要求する each other の先行詞にはなれないからである。

(42a) と (43a) が文法的であり, (42b) と (43b) が非文法的であるので, 再帰代名詞や相互代名詞とその先行詞は同一文内に存在しなければならない, ということになる。

次に, 埋め込み節を伴う文を考えてみよう。

(44) a. Mary believes that John can feel proud of himself.
(メアリーはジョンが自分自身を誇りに感じることができると思っている)

b. *John believes that Mary can feel proud of himself.

(45) a. He believes that John and Mary like each other.
(彼はジョンとメアリーがお互いに愛し合っていると思っている)

b. *John and Mary believe that he likes each other.

(44), (45) は, 埋め込み節として that 節が生じている文である。(44a), (45a) では, 照応詞とその先行詞がその that 節内に生起している。このような文は文法的である。これに対して (44b), (45b) では, 照応詞が that 節内にあり, その先行詞は主節にある。すなわち, 照応詞と先行詞が一つの文内に存在するが, 同一の文 (この場合は, that 節) 内には存在しない。これらの

文は非文法的である。したがって, (44a, b), (45a, b) の事実から, 照応詞はそれが属する最小の節内, つまり, that 節内に先行詞の生起を要求すると考えられる。

同じことが, 埋め込み節として不定詞節が生じている場合にも言える。

(46) a. Mary believes John to feel proud of himself.
    (メアリーはジョンが自分自身を誇りに感じていると思っている)
  b. *John believes Mary to feel proud of himself.
(47) a. He believes John and Mary to like each other.
    (彼はジョンとメアリーがお互いに愛し合っていると思っている)
  b. *John and Mary believe him to like each other.

(46a), (47a) では, 動詞 believe 以下の不定詞節の中に再帰代名詞あるいは相互代名詞とその先行詞がともに存在している。一方 (46b), (47b) では, 再帰代名詞あるいは相互代名詞が不定詞節内にあり, その先行詞は主節にある。前者が文法的で, 後者が非文法的である。したがって, (46), (47) のような文では, 照応詞はそれが属する最小の節内, つまり, 不定詞節内に先行詞をもたなければならない, ということになる。

以上を踏まえた上で, 小節構文に見られる束縛現象について考えてみよう。

(48) a. Mary considers [Bill kind to himself].
    (メアリーはビルが自分自身に親切だと思っている)
  b. *Bill considers [Mary kind to himself].
(49) a. He considers [us proud of each other].

(彼は私たちがお互いを誇りにしていると思っている)
b. *We consider [him proud of each other].

(48), (49) の [ ] で示された部分は小節である。(48a), (49a) では,照応詞とその先行詞が小節の中に存在する。この状況は, (44a), (45a) や (46a), (47a) と似ている。これに対して, (48b), (49b) では,小節の中に照応詞が存在し,その先行詞は主節にある。この状況は, (44b), (45b) や (46b), (47b) と似ている。(48a), (49a) が文法的であるのに対して, (48b), (49b) が非文法的である。したがって,consider の小節の中にある照応詞は,それが属する小節の中に先行詞の生起を要求していることになる。つまり, (48a), (49a) において,照応詞と先行詞が最小の節,すなわち,小節の中にともに生起しなければならない。

しかし,小節内に生じる照応詞はいつもその小節の中に先行詞を要求するわけではない。次のような例を考えてみよう。

(50) a. *We consider [Mary proud of ourselves].
b. They consider [John each other's friend].
(彼らはジョンをお互いの友達だと思っている)

(Contreras (1995: 136))

(50a) の小節の述語 (proud of ourselves) は形容詞句であり,この文は (48b), (49b) と同じ理由で,非文法的である。しかし, (50b) の小節の述語は名詞句 (each other's friend) であり,相互代名詞はこの小節の中にあるが,その先行詞は主節にある。しかし,この文は (48b), (49b) と異なり,文法的である。したがって,小節の述語が名詞句である場合には,照応詞が先行詞の生起を求める最小の節は,小節ではなく主節ということになる。次の

例も同様である。

(51) They want [the wind away from each other].
（彼らは不快な風がお互いから消えてほしいと願っている）

(51) の小節の述語は前置詞句である。この文では，相互代名詞が小節の中にあり，その先行詞は主節の中にある。(51) が文法的であるので，照応詞の束縛現象に関わる最小の節は，小節ではなくそれより大きな主節ということになる。

このように，小節の述語がどのような範疇であるかによって，束縛現象に関わる「最小の節」が変わることがあるので，注意する必要がある。

4.2. 小節の主語からの要素の取り出しについて

英語の通常の wh 疑問文を考えると，(52) のように wh 疑問詞の what が文頭に生じる。

(52) a. What did he buy t yesterday?
（彼は昨日何を買いましたか）
b. What do you believe that he bought t yesterday?
（あなたは彼が昨日何を買ったと思いますか）

(52) は，動詞 buy の目的語であった what が文頭に移動した文である。

このように，英語の wh 疑問文は wh 要素を元の位置から文頭に移動して派生される文であるが，wh 疑問詞が文頭に移動した場合，必ずしも文法的な wh 疑問文が派生されるわけではない。そこで，次のような例を考えてみよう。

(53) a. *Who did [that John kissed t] annoy Mary?

b. *Which book did you believe that [talking about t] irritated John?
(54) a. *Who would [for John to visit t] upset you?
   b. *Which book did you believe [the author of t] to be eloquent?

(53),(54) の [　] の部分は主節や埋め込み節の主語である。これらの文がすべて非文法的であるので，主語の中にある wh 要素を文頭に取り出して，wh 疑問文を派生することはできない。

このように，時制節 (that 節を含む) であろうと不定詞節であろうと，主語の中から wh 要素を取り出すことはできないが，このことは小節の場合にも言える。次のような例を考えてみよう。

(55) a. *Who do you consider [the sister of t] very smart?
   b. *Who do you consider [stories about t] dull?

(55) の [　] の部分は，小節の主語である。(55) では，小節の主語から wh 要素を文頭に取り出して，wh 疑問文を派生したものである。これらの文は非文法的である。したがって，小節の主語から要素を取り出すことはできない。

以上より，埋め込み節が時制節，不定詞節，小節のいずれであろうと，その主語の中から要素を取り出して文法的な文を派生することはできないように思われる。しかし，これは consider, find, judge などの動詞の小節の主語について言えることであり，次のような知覚動詞や使役動詞の場合には，小節に限り，その主語からの要素の取り出しは可能である。

(56) a. Which planet did you see [a picture of t] appear on your computer screen?

(あなたはどの小惑星の写真がコンピュータの画面に現れるのを見たのですか)

b. Who did you let [a rumor about t] spread around the entire department?

(あなたは誰のうわさをその部署全体に広めさせたのですか) (Basilico (2003: 5))

(56)では，小節の述語が動詞句（V）である。したがって，4.1節と同様に，小節の主語にある要素の取り出し可能性は，主節動詞や小節の述語の統語範疇の種類によって異なることに注意する必要がある。

4.3. 小節の中の一致現象

次に，小節内の文法的な一致現象について考えてみよう。現代英語においては，名詞や形容詞の屈折形態は非常に貧弱である。したがって，小節の主語と述語の間で一致が存在するかどうかを確かめるのは容易ではない。しかし，名詞の場合には数において語形変化するので，次のような例は小節内の主語と述語の間に一致現象が起っていることを示唆するであろう。

(57) a. I consider [John and Mary the best tennis players in our team].

(私はジョンとメアリーが私たちのチームで最も強いテニス選手だと思います)

b. *I consider [John and Mary the best tennis player in our team].

一方，言語の中には，名詞，形容詞等が性・数・人称に関して豊かに屈折するものがある。たとえば，次のフランス語の例を考

えてみよう。

(58) a.　Je trouve ces　　　filles belles.
　　　　 I find　 those　　girls pretty
　　　　　　　　　 [+f, +p]　　　[+f, +p]
　　　（私はこれらの少女たちを美しいと思う）
　　b. *Je trouve ces filles belle.
　　　　　　　　　[+f, +p] [+f. +s].

(58) の小節の主語である ces filles は女性（+f）・複数形（+p）である。このことに注目して (58a, b) を考えると，これら二つの文の文法性の違いは，小節の主語と述語の間で性・数に関して一致しなければならないことを示している。なぜなら，文法的な文である (58a) では，述語の belles が女性で複数形であり，主語との一致がみられるが，非文法的な文である (58b) では，述語の belle が女性・単数形（+s）であるので，主語との一致が正しく行われていないからである。

同様に，次のスペイン語の例においても，小節の主語と述語は性・数に関して一致しなければならないことを示している。

(59) a.　Considero claro　　　el　asunto.
　　　　 I-consider clear　　　the matter
　　　　　　　　　　[+m, +s] [+m, +s]
　　　（私はこの問題を明らかなものと思います）
　　b.　Dejamos limpios　　los cubiertos.
　　　　 we-left　 clean　　　the silverware
　　　　　　　　　[+m, +p] [+m, +p]
　　　（私たちはその銀器を綺麗にしました）

(59a) では，小節の主語と述語の間で男性（+m）・単数（+s）

において一致している。また (59b) でも，小節の主語と述語の間で男性（+m）・複数（+p）において一致している。

このように，名詞や形容詞の語彙屈折が豊かなフランス語やスペイン語では，小節の主語と述語の間に明らかな一致現象が見られる。したがって，小節の主語と述語は言語に関係なく，文法的な一致があり，言語によってそれが具現化されることもあれば，具現化されないこともある，と考えるべきであろう。

4.4. 数量詞句の作用域について

someone, anyone などの数量詞句 (quantifier phrase) は文の解釈上，述語に対して広い作用域 (scope) をもつこともあれば，狭い作用域をもつこともある。たとえば，次のような例を考えてみよう。

(60) a. Someone seems [t to be sick].
     (誰かが病気だと思われる)
   b. John proved two assumptions to be false.
     (ジョンは二つの仮説が間違っていることを証明した)

(60a) の動詞 seem は，埋め込み節の主語を主節の主語位置に繰り上げる，いわゆる繰上げ動詞 (raising verb) である。また，(60b) の動詞 prove は例外的格標示動詞である。これら二つの文で共通しているのは，これらの文が意味的に曖昧だということである。たとえば，(60a) を考えると，この文は (61) のような二つの解釈をもつ。

(61) a. There is someone who seems to be sick.
     (病気だと思われるような人が誰か1人いる)
   b. There seems to be someone sick.

(誰かが病気のようである)

つまり，(60a) には (61a, b) が示しているように，someone が seem より広い作用域をもつ解釈とそれより狭い作用域をもつ解釈がある。

また，(60b) でも次のような二つの解釈がある。

(62) a. There were two assumptions such that John proved them to be false.
b. John proved that there were two assumptions which were false.

(62a, b) から分かるように，(60b) には two assumptions が prove より広い作用域をもつ解釈とそれより狭い作用域をもつ解釈がある。

このように，埋め込み節が不定詞節の場合には，数量詞句の解釈に曖昧性が生じる。それでは，埋め込み節が小節である場合には，その主語の数量詞句はどのような作用域をとるであろうか。それを知るために，次のような例を考えてみよう。

(63) a. Someone seems [t sick].
(誰かが病気だと思われる)
b. John considers [someone sick].
(ジョンは誰かを病気だと思っている)

(63) の [　] の部分は小節である。Williams (1983) によると，(63a) は曖昧ではなく，(61a) と同じように，someone が seem より広い作用域をとる解釈しかない。同様に，(63b) も曖昧ではなく，(62a) のように，someone が consider より広い作用域をとる解釈しかない。

同じことが次のような例にも言える。

(64) a. Someone is believed [t to be angry at John].
(誰かがジョンに腹を立てていると思われている)
b. Someone is considered [t angry at John].
(誰かがジョンに腹を立てていると思われている)

(Stowell (1987: 28-29))

(64a) は不定詞節の主語 someone が受動化によって，主節主語に移動している文である。また，(64b) も小節の主語 someone が受動化によって主節主語に移動している文である。この二つの文は同じような方法で派生されているが，someone の解釈は異なる。すなわち，(64a) は曖昧な解釈をもち，someone が主節述語より広い作用域をもつ読みと狭い作用域をもつ読みがある。これに対して，(64b) の解釈は曖昧ではなく，someone が主節述語より広い作用域をもつ。

このように，小節の主語に someone などの数量詞句がある場合，(それが痕跡であろうとなかろうと) その文の解釈は曖昧ではなく，その数量詞句は主節述語より広い作用域をとる。

4.5. 等位構造の可能性

等位構造 (Coordinate Structure) というのは，and, or, but などの等位接続詞によっていくつかの要素が結び付けられた構造をいう。

(65) a. I know that [TP John is in Atlanta] and [TP Bill is in Boston].
(私はジョンがアトランタにいて，ビルがボストンにいることを知っている)

b. *I believe [DP the story] and [CP that John is honest].

(65a) では,TP (時制節) 同士が and で結ばれている。また (65b) では,DP (限定詞句) と CP (that 等を含む節) が and で結ばれている。前者のみが文法的であるので,and で結ばれる要素は,原則として,同じ統語範疇のものでなければならない。

これを念頭に入れて,次のような例を考えてみよう。

(66) a. I consider Bill [AP crazy] and [NP a fool].
（私はビルを正気でなく,ばか者と思います）
b. I can't imagine [John content with his lot] and [Mary complaining of hers].
（私はジョンが自分の運命に満足し,メアリーが自分の運命に不満を言うのを想像することはできない）
c. I won't let [my son out of the house] or [my daughter go to the disco].
（私は私の息子を家から出て行かせたりしないし,私の娘をディスコに行かせたりもしない）

(66a) は,一見すると,小節の述語同士が and で結ばれているように見える。しかし,その述語の統語範疇は形容詞句 crazy と名詞句 a fool である。したがって,(66a) は小節の述語同士が and で結ばれているのではなく,述語とその文のほかの要素が同じ統語範疇を形成し,and で結ばれていることを示唆している。

また (66b, c) は,小節部分を統語範疇で示すならば,次のようになるであろう。

(67) a. I can't imagine [DP AP] and [DP VP(V-ing)].

b. I won't let [DP PP] or [DP VP(V)].

したがって，(66b, c) も小節の述語とその文の他の要素が同じ統語範疇を形成し，and, or で結ばれていることを示唆している。

5.　小節の構造

5.1.　先行研究

小節の構造については，これまでさまざまな提案がされてきた。たとえば，(68) のような例を用いて説明すると，

(68)　I consider John crazy.
　　　(私はジョンを正気ではないと思います)

まず，John を consider crazy という複合述語 (complex predicate) の目的語と見なす分析がある (Chomsky (1955/1975), Bach (1979), Bowers (1993), Larson (1988a) など)。Stowell (1987) も基底構造では John crazy は構成素をなすが，表層構造や論理形式 (LF) では crazy が再分析を受けて consider と複合述語を形成すると主張している。また Contreras (1995) は，小節の述語が限定詞句，前置詞句に限り，consider と複合述語を形成すると提案している。

また，John と crazy が構成素をなさないと仮定する分析もある (Williams (1980, 1983) など)。Williams は小節の主語と述語に同一指標を付与して，主語・述語関係を明らかにする理論を提唱している。

さらに，John と crazy が構成素をなすと主張する分析もある。たとえば，次のような分析がその代表的なものである。

(69) a. 小節の範疇はその述語を主要部とする最大投射であり，主語がその指定部にある。(Stowell (1981, 1983, 1987), Contreras (1987, 1995), Chomsky (1981, 1986a, 1992, 1995) など)

b. 小節の範疇は機能範疇 Agr を主要部とする最大投射 (AgrP) であり，主語と述語がそれぞれその指定部と補部にある。(Nakajima (1991))

c. 小節の範疇は機能範疇 predicate を主要部とする最大投射 (Predicate Phrase (PrP)) であり，主語と述語がそれぞれその主要部 (Predicate (Pr)) の指定部と補部にある。(Bowers (1993))

もちろん，これ以外にも多くの分析が提案されている。これらの分析を吟味・検討し，その妥当性と問題点を指摘するのは有意義なことである。しかし，そうすることは本書の目的に沿うものではないので，本節では先行研究に数多くの提案がなされていることを指摘するに留めておきたい。

5.2. 小節の構造

本節では，先行研究で提案されている小節の構造の中で比較的単純で，いろんな角度から考えてかなり説明力があると思われる構造を取り上げてみたい。それは，Larson (1988a) で示唆されている次のような構造である。ここでは関連する構造のみを図示する。

(70) a. I consider John foolish.
 (私はジョンを愚かだと思います)

b.
```
        vP
       /  \
      NP   v'
      |   /  \
      I  v    VP
            /    \
           NP     V'
           |     /  \
          John  V    AP
                |    |
            consider foolish
```

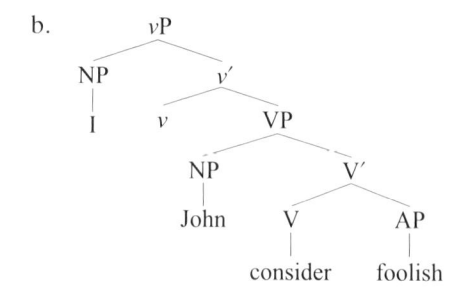

　1 節で述べたように，小節は接続詞 that や時制要素 to, be 動詞を欠いている。(70b) を仮定するならば，このような事実は自動的に捉えることができる。なぜなら，この構造にはそのような要素が存在していないからである。

　また (70b) では，consider と小節の述語が隣接している。3 節で示したように，動詞と小節の述語には統語範疇に関わる選択制限と意味的制限がある。一般に，このような制限は隣接する要素間で捉えられる，と仮定されている。(70b) の構造は，これら二つの要素が隣接しているので，3 節で示した制限を捉えるには適切な構造となっている。

　さらに，この構造であれば，次のような重名詞句転移 (Heavy NP Shift) 文も簡単に説明することができる。

(71) I would consider foolish [anyone who leaves his door unlocked].
　　　（私はドアに鍵をしないままにする人を誰でも愚かだと思います）
　　　　　　　　　　　　　　　　　　　(Larson (1988a: 349))

この文の構造を (70b) に当てはめて考えてみると，John の代わりに anyone who leaves his door unlocked が生じている。一般には，anyone 以下の語句が長いので，文の右側に移動する

と分析されているが，Larson (1988a) によると，[ᵥ consider foolish] の V′ が V に再分析されて，上位の v に移動する。その結果，(71) のような文が派生されることになる。

このほか，小節にみられる統語的な特徴，たとえば，主語と述語の一致現象，小節内に生じる数量詞句の作用域の問題，あるいは，小節に関わる等位構造などが (70b) の構造で適切に説明できるかどうか検討すべきである。しかし，かなり専門的で細かな議論になるので，これをきっかけにさらなる研究をしたいと思う読者が現れることを願い，小節の構造についての議論はここまでに留めておきたい。

6. 小節の意味的な特徴

1 節で述べたように，たとえば，動詞 believe は次のような 3 種類の埋め込み節をとることができる。

(72) a.　John believes that Bill is intelligent.
　　 b.　John believes Bill to be intelligent.
　　 c.　John believes Bill intelligent.

(72a-c) の埋め込み節は，それぞれ that 節，不定詞節，そして小節である。(72a) の that 節は believe の目的語として機能し，Bill はその中の主語である。しかし，(72b, c) の Bill は不定詞節や小節の主語であると同時に，believe の目的語としても機能しているように見える。したがって，believe が Bill に対して持ちうる関係は，(72) の 3 種類の文において異なると考えられる。

Borkin (1984) によると，believe や find のような動詞では，経験的に証明できる事実について客観的な見解を述べる場合に

that 節を用いるのが適切であり，その事実について個人的な経験や判断を主観的に述べる場合には不定詞節を用いるのが適切である。そして，個人的な経験や意見をさらに主観的に述べる場合には，小節を用いるのが最も適切である。

(73) a. When I looked in the files, I found that she was Mexican.

（私がそのファイルを見たら，彼女がメキシコ人であることが分かった）

b. ?When I looked in the files, I found her to be Mexican. ((a), (b): Brokin (1984: 56))

c. *When I looked in the files, I found her Mexican.

(Borkin (1984: 76))

(73) は，ファイルを調べた結果の話者の判断を述べたものである。この判断は客観的な事実に基づいているので，that 節が用いられ，不定詞節は用いられにくく，小節は非文法的になる。

また，誰かの意見を認めるのではなく，自分の考えを述べる場合には，that 節は用いられず，不定詞節，小節が用いられる。特に，小節は自分独自の考えを述べる場合に用いられる。

(74) a. The investigation confirmed Sally to be good at her job.

（その調査によると，サリーはその仕事が得意だと判明した）

b. *The investigation confirmed Sally good at her job.

(75) a. Molly disclosed Alex to be less loyal than we thought.

（モリーはアレックスが私たちが考えていたより誠実ではないと発表した）

b. *Molly disclosed Alex less loyal than we thought.

(Borkin (1984: 77-78))

Borkin によると，動詞 confirm や disclose は個人的な意見を述べるよりも，事実を受け入れ，それを明らかにするものである。したがって，個人的な独自の意見を述べるために用いられる小節には，この動詞は用いられない。

また，ある何らかの証拠に基づいて見解を述べる場合には，that 節が用いられ，実際の経験に基づいて意見を述べる場合には，小節が用いられる。その際，不定詞節は中間的な表現で，どちらの状況でも用いられる。

(76) a. I find that this chair is uncomfortable.
（私はこの椅子が座り心地が良くないと思う）
b. I find this chair to be uncomfortable.
c. I find this chair uncomfortable.

(Borkin (1984: 79))

Borkin によれば，(76a) は消費者の調査結果に基づいて意見を述べる場合に適切であり，(76c) はその椅子に実際に座ってみて，その感じを述べる場合に適切である。(76b) はどちらの状況でも使用可能である。

この直接体験かそうでないかという区別は，次のような事例の文法性の説明に寄与する。

(77) a. I find sewing to be refreshing to Jane.
（私は裁縫がジェーンにとって気分爽快になると思う）
b. *I find sewing refreshing to Jane.

(77a) は，不定詞節が用いられており，ジェーンについての見

解を述べている。これに対して，(77b) では小節が用いられている。したがって，この小節は自分自身の体験を述べる部分である。しかし，(77b) では自分自身についてではなく，他人 (Jane) の体験について述べている。したがって，この文は非文法的になっている。

次に，埋め込み節の主語の特徴化についても，この3種類の節には違いが見られる。that 節は主語に対して中立的な叙述をする。しかし，不定詞節と小節はそれぞれの主語を特徴付ける。ただし，その特徴付けは，小節のほうが不定詞節より強い。

(78) a. John considers her to be {knowledgeable, briefed well} enough to handle the situation.
   (ジョンは，彼女がその状況を処理するのに十分に {よく知っている，要点を簡潔にまとめる} と思っている)
   b. John considers her {knowledgeable, (?)briefed well} enough to handle the situation.

(Borkin (1984: 80))

ただ，(78b) が示しているように，特徴づけをする述語は briefed well のような一時的な特性よりも，knowledgeable のような持続的な特性を示すほうがふさわしい。

また，announce や declare などの動詞では，相手に直接働きかける場合，小節が必ず用いられ，不定詞節を用いることは可能であるが，that 節は用いられない。

(79) a. Mary declared that Sue was insane.
   b. Mary declared Sue to be insane.
   c. Mary declared Sue insane.
   (メアリーはスーを正気ではないと断言した)

最後に，埋め込み節が中立的な記述である場合には，that 節は適切であるが，不定詞節は不適切になり，小節はさらに不適切になる。

(80) a. She believes that Max is trustworthy.
(彼女はマックスが信頼できると思っている)
b. She believes Max to be trustworthy.
c. She believes Max trustworthy.

(Borkin (1984: 82))

このように，埋め込み節が that 節，不定詞節，小節のいずれであるかによって意味やニュアンスの違いが見られる。これまでの議論を小節に限ってまとめてみると，小節構文は次のような特徴をもつ。

(81) a. 主観的な自分独自の判断を示す。
b. 直接体験に基づいた表現である。
c. 主語の特徴付けを行う。
d. 相手に直接働きかける場合に用いられる。
e. 中立的な見解を述べるのにはふさわしくない。

7. 結び

本章では，小節構文について考察した。この構文の一部には，学校文法の英語 5 文型の第 5 文型にあたるものがある。この構文で特徴的なことは 3 節で述べたように，主節動詞と小節の述語の間に統語範疇に関わる選択制限と意味に関する制限が観察されることである。

また，小節の主語からの要素の取り出しや小節の中に含まれて

いる照応詞の束縛関係は，主節動詞や小節の述語の種類によって異なる。また，小節の主語に生じる数量詞句の作用域は，主節述語より広い作用域をとる。これらについては，4節で議論した。

小節構文がどのような構造であるのかについては，これまでさまざまな提案がなされてきた。その中で，5節では，Larson (1988a) で示唆されている構造について考察した。

最後の6節では，同じ動詞の埋め込み節に生じる that 節，不定詞節，そして小節の間に，どのような意味的な違いがあるかについて考察した。基本的には，小節構文は (81) にまとめたような意味的特徴が見られた。

あ と が き

　本書は，英語学・言語学を専門とする研究者を対象にするというよりも，高校生，大学生それに一般読者を対象にしている。また，本書で取り扱っている構文は中間構文，結果構文，二重目的語構文，小節構文であり，それぞれの構文の一部は，学校文法の英語5文型で言えば，第1文型，第3文型，第4文型，第5文型にあたるものである。したがって，これらの構文は比較的なじみのあるものだと思われる。

　しかし，これらの構文の意味的な特徴や統語的な特徴については，学校文法ではそれほど詳しく教えられない。本書のねらいは，これら四つの構文の意味的・統語的特徴を説明し，学校で教えられた身近な文に多くの興味を引き付ける事実があることを読者諸氏に知ってもらうことにある。そのために，本書では具体的な例をあげながら，できるだけ分かりやすく，そして詳しく説明するように心がけた。

　とは言え，これらの構文の統語的な特徴や構造自体の説明については，多少理解しがたい部分があるかもしれない。しかし，これをきっかけに，英語の構文にはこんなに面白い特徴があるのかと多くの人に気づいていただければ幸甚である。また本書が，英語の構文に興味をもっている人々や大学でその構文についてのレポートや卒業論文等を書こうとする学生諸氏に少しでも役立つことを切に願っている。

参考文献

Back, Emmon W. (1979) "Control in Montague Grammar," *Linguistic Inquiry* 10, 515–531.

Baker, Mark C. (1988) *Incorporation: A Theory of Grammatical Function Changing*, University of Chicago Press, Chicago.

Baker, Mark C. (1997) "Thematic Roles and Syntactic Structure," *Elements of Grammar*, ed. by Liliane Haegeman, 73–137, Kluwer, Dordrecht.

Baker, Mark C. (2003) *Lexical Categories: Verbs, Nouns, and Adjectives*, Cambridge University Press, Cambridge.

Barss, Andrew and Howard Lasnik (1986) "A Note on Anaphora and Double Objects," *Linguistic Inquiry* 17, 347–354.

Basilico, David (2003) "The Topic of Small Clauses," *Linguistic Inquiry* 34.1, 1–35.

Boas, Hans C. (2003) *A Constructional Approach to Resultatives*, CSLI Publications, Stanford.

Bobaljik, Jonathan D. (1998) "Floating Quantifiers: Handle with Care," *Glot International* 3.6, 3–10.

Borkin, Ann (1984) *Problems in Form and Function*, Ablex, New Jersey.

Bowers, John (1993) "The Syntax of Predication," *Linguistic Inquiry* 24, 591–656.

Bowers, John (1997) "A Binary Analysis of Resultatives," *Texas Linguistic Forum* 38, 43–58.

Carrier, Jill and Janet H. Randall (1992) "The Argument Structure and Syntactic Structure of Resultatives," *Linguistic Inquiry* 23, 173–234.

Chomsky, Noam (1955/75) *The Logical Structure of Linguistic Theory*, University of Chicago Press, Chicago.

Chomsky, Noam (1981) *Lectures on Government and Binding*, Foris, Dordrecht.

Chomsky, Noam (1986a) *Barriers*, MIT Press, Cambridge, MA.
Chomsky, Noam (1986b) *Knowledge of Language: Its Nature, Origin, and Use*, Praeger, New York.
Chomsky, Noam (1992) "A Minimalist Approach for Linguistic Theory," *MIT Occasional Papers in Linguistics* 1, MIT.
Chomsky, Noam (1995) *The Minimalist Program*, MIT Press, Cambridge, MA.
Chomsky, Noam (2000) "Minimalist Inquiries: The Framework," *Step by Step: Essay on Minimalist Syntax in Honor of Howard Lasnik*, ed. by Roger Martin, David Michaels and Juan Uriagereka, 89–155, MIT Press, Cambridge, MA.
Chomsky, Noam (2001) "Derivation by Phase," *Ken Hale: A Life in Language*, ed. by Michael Kenstowicz, 1–52, MIT Press, Cambridge, MA.
Chomsky, Noam (2004) "Beyond Explanatory Adequacy," *Structures and Beyond*, ed. by Adriane Belletti, 104–131, Oxford University Press, Oxford.
Chomsky, Noam (2005) "On Phases," ms., MIT.
Contreras, Helles (1987) "Small Clauses in Spanish and English," *Natural Language and Linguistic Theory* 5, 225–243.
Contreras, Helles (1995) "Small Clauses and Complex Predicates," *Syntax and Semantics* 28; *Small Clauses*, ed. by Anna Cardinaletti and Maria Teresa Guasti, 135–152, Academic Press, San Diego.
Diesing, Molly (1992) *Indefinites*, MIT Press, Cambridge, MA.
Erteschik-Shir, Nomi (1979) "Discourse Constraints on Dative Movement in Syntax and Semantics," *Syntax and Semantics* 12, ed. by Talmy Givón, 441–467, Academic Press, New York.
Fagan, Sarah (1988) "The English Middle," *Linguistic Inquiry* 19, 181–203.
Fagan, Sarah (1992) *The Syntax and Semantics of Middle Constructions*, Cambridge University Press, Cambridge.
Fellbaum, Christiane (1985) "Adverbs in Agentless Active and Passives," *CLS* 21.2, 21–31.
Fellbaum, Christiane (1986) *On the Middle Construction in English*,

Indiana University Linguistic Club, Indiana.
Fiengo, Robert (1980) *Surface Structure: The Interface of Autonomous Components*, Harvard University Press, Cambridge, MA.
Fillmore, Charles F. (1965) *Indirect Object Constructions in English and the Ordering of Transformations*, Mouton, The Hague.
Fong, Sandiway, Christiane Fellbaum and David Lebeaux (2001) "Ghosts, Shadows and Resultatives: The Lexical Representation of Verbs," *Traitement Automatique des Langues* 42.3, 755–784.
Freeze, Ray (1992) "Existentials and Other Locatives," *Language* 68, 553–595.
Goldberg, Adele (1995) *Constructions: A Constructional Grammar Approach to Argument Structure*, University of Chicago Press, Chicago.
Green, Georgia M. (1974) *Semantics and Syntactic Regularity*, Indiana University Press, Bloomington.
Grewendorf, Güther (2001) "Multiple *Wh*-Fronting," *Linguistic Inquiry* 32, 87–122.
Guéron, Jacqueline (1995) "On HAVE and BE," *NELS* 25, 191–206.
Hale, Kenneth and Samuel Jay Keyser (1987) "A View from the Middle," *Lexicon Project Working Papers* 10, Center for Cognitive Science, MIT.
Hale, Kenneth and Samuel Jay Keyser (1991) "On the Syntax of Argument Structure," *Lexicon Project Working Papers* 34, Center for Cognitive Science, MIT.
Halle, Morris and Alec Marantz (1993) "Distributed Morphology and the Pieces of Inflection," *The View from Building 20*, ed. by Samuel Jay Keyser and Kenneth Hale, 111–176, MIT Press, Cambridge, MA.
Halle, Morris and Alec Marantz (1994) "Some Key Features of Distributed Morphology," *Papers on Phonology and Morphology*, ed. by Andrew Carnie and Heidi Harley, *MIT Working Papers in Linguistics* 21, 275–288.
Harley, Heidi (1997) "If You *Have*, You Can *Give*," *WCCFL* 15, 193–208.

Harley, Heidi (2000) "Possession and the Double Object Construction," ms., University of Lille 3/Brown University.

Harley, Heidi and Rolf Noyer (1998) "Licensing in the Non-Lexicalist Lexicon: Nominalizations, Vocabulary Items and the Encyclopaedia," *MIT Working Papers in Linguistics* 32, 119–137.

Harley, Heidi and Rolf Noyer (2000) "Formal versus Encyclopedic Properties of Vocabulary: Evidence from Nominalisations," ms., University of Arizona and University of Pennsylvania.

Hoekstra, Teun (1988) "Small Clause Results," *Lingua* 74, 101–139.

Horita, Yuko (1995) "A Cognitive Study of Resultative Constructions in English," *English Linguistics* 12, 147–172.

Hornstein, Nobert (2009) *A Theory of Syntax, Minimal Operations and Universal Grammar*, Cambridge University Press, Cambridge.

Jespersen, Otto (1927) *A Modern English Grammar on Historical Principles*, Part III, George Allen & Unwin, London.

Johnson, Kyle (1991) "Object Positions," *Natural Language and Linguistic Theory* 9, 577–636.

Kayne, Richard S. (1984) *Connectedness and Binary Branching*, Foris, Dordrecht.

Kayne, Richard S. (1985) "Principles of Particle Constructions," *Grammatical Representation*, ed. by Jacqueline Guéron, Hans-George Obenauer and Jean-Yves Pollock, 101–140, Foris, Dordrecht.

Keyser, Samuel Jay and Thomas Roeper (1984) "On the Middle and Ergative Constructions in English," *Linguistic Inquiry* 23, 89–125.

Larson, Richard K. (1988a) "On the Double Object Construction," *Linguistic Inquiry* 19, 335–391.

Larson, Richard K. (1988b) "Light Predicate Raising," ms., MIT.

Lasnik, Howard (2003) *Minimalist Investigation in Linguistic Theory*, Routledge, New York.

Lasnik, Howard and Mamoru Saito (1991) "On the Subject of Infinitives," *CLS* 27, 324–343.

Levin, Beth and Malka Rappaport Hovav (1995) *Unaccusativity: At the Syntax-Lexical Semantics Interface*, MIT Press, Cambridge, MA.

Marants, Alec (1993) "Implications of Asymmetries in Double Object Constructions," *Theoretical Aspects of Bantu Grammar*, ed. by Sam A. Mchombo, 113–150, CSLI Publications, Stanford.

Miyagawa, Shigeru (2010) *Why Agree? Why Move?*, MIT Press, Cambridge, MA.

Nakajima, Heizo (1991) "Reduced Clauses and Argumenthood of AgrP," *Topics in Small Clauses*, ed. by Heizo Nakajima and Shigeo Tonoike, 39–57, Kurosio, Tokyo.

Napoli, Donna Jo (1992) "The Double-Object Construction, Domain Asymmetries, and Linear Precedence," *Linguistics* 30, 837–871.

Oba, Yukio (1984) "On Preposition Stranding in Noun Phrases," *English Linguistics* 1, 45–66.

Oba, Yukio (1987) "On γ-Assignment in LF," *English Linguistics* 4, 254–272.

Oba, Yukio (1989) "The Empty Category Principle and Multiple *Wh*-Questions," *English Linguistics* 6, 52–71.

Oba, Yukio (1992) "X′ Convention and Extended Minimality," *English Linguistics* 9, 21–38.

Oba, Yukio (1993) "On the Double Object Construction," *English Linguistics* 10, 95–118.

大庭幸男 (1998)『英語構文研究』英宝社, 東京.

Oba, Yukio (2000) "Island Phenomena and Search Spaces of a Probe," *Linguistics Analysis* 30, 67–93.

Oba, Yukio (2002) "The Double Object Construction and the Extraction of the Indirect Object," *Linguistic Analysis* 32.1–2, 40–71.

Oba, Yukio (2004) "The Double Object Construction and Thematization/Extraction," *English Linguistics* 22.1, 56–81.

Oehrle, Richard T. (1976) *The Grammatical Status of the English Dative Alternation*, Doctoral dissertation, MIT.

Pesetsky, David (1995) *Zero Syntax: Experiencers and Cascades*, MIT Press, Cambridge, MA.

Pinker, Steeven (1989) *Learnability and Cognition*, MIT Press, Cambridge, MA.

Radford, Andrew (1988) *Transformational Grammar*, Cambridge University Press, Cambridge.

Radford, Andrew (2004) *Minimalist Syntax: Exploring the Structure of English*, Cambridge University Press, Cambridge.

Rapoport, Tova R. (1983) "Nonverbal Predication in Hebrew," *WCCFL* 5, 207–218.

Rapoport, Tova R. (1990) "Secondary Predication and the Lexical Representation of Verbs," *Machine Translation* 4, 31–55.

Rapoport, Tova R. (1995) "Specificity, Objects, and Nominal Small," *Syntax and Semantics* 28: *Small Clauses*, ed. by Anna Cardinaletti and Maria Teresa Guasti, 153–178, Academic Press, New York.

Rappaport Hovav, Malka and Beth Levin (2001) "An Event Structure Account of English Resultatives," *Language* 77, 766–797.

Richards, Norvin (2001) "An Idiomatic Argument for Lexical Decomposition," *Linguistic Inquiry* 32, 183–192.

Roberts, Ian (1987) *The Representation of Implicit and Dethematized Subjects*, Foris, Dordrecht.

Ross, John Robert (1967) *Constraints on Variables in Syntax*, Doctoral dissertation, MIT.

Rothstein, Susan (1985) "The Syntactic Forms of Predication," *The Linguistic Review* 5, 163–172.

Runner, Jeffrey T. (2001) "The Double Object Construction at the Interfaces," ms., University of Rochester.

Schein, Barry (1995) "Small Clauses and Predication," *Syntax and Semantics* 28: *Small Clauses*, ed. by Anna Cardinaletti and Maria Teresa Guasti, 49–76, Academic Press, New York.

Sportiche, Dominique (1988) "A Theory of Floating Quantifiers and Its Corollaries for Constituent Structure," *Linguistic Inquiry* 19, 425–449.

Stowell, Tim (1981) *Origins of Phrase Structure*, Doctoral dissertation, MIT.

Stowell, Tim (1983) "Subjects across Categories," *The Linguistic Re-*

view 2, 285-312.

Stowell, Tim (1987) "Small Clause Restructuring," ms., UCLA.

Stroik, Thomas (1992) "Middles and Movement," *Linguistic Inquiry* 23, 127-137.

Stroik, Thomas (1996) *Minimalism, Scope, and VP Structure*, SAGE Publications, London.

van Oosten, Jeanne (1977) "Subjects and Agenthood in English," *CLS* 13, 459-471.

Williams, Edwin S. (1980) "Predication," *Linguistic Inquiry* 11, 203-238.

Williams, Edwin S. (1983) "Against Small Clauses," *Linguistic Inquiry* 14, 287-295.

索　引

1. 日本語はあいうえお順で示し、英語で始まるものは ABC 順で最後に一括してある。
2. 数字はページ数を表す。

[あ行]

一致現象　198-199, 206
意味的制限　177, 179-180, 206

[か行]

過去分詞　180
関係節構文　130, 133, 146
間接疑問文　63, 81
間接目的語　100-103, 111, 115-118, 120-123, 127-128, 130-132, 135-139, 142, 144-148, 156, 165-166, 169, 170
完全他動詞　39
疑似目的語　60, 63-65, 71-72, 80-83, 86, 88, 91-92, 95
繰上げ動詞　200
軽動詞　84, 88, 92-93, 124, 127, 176
形容詞句　39-40, 42-43, 50, 53-55, 72, 75, 77-78, 80, 84, 180-189, 195, 203
形容詞的述語　25
結果句　41
結果構文　38-97
結果述語　39-44, 46-57, 59-62, 65-72, 75, 77-83, 85-87, 95
現在分詞　24, 42, 180
語彙意味論　80
語彙規則　29
項　63-64
行為結果動詞　53-54, 56
行為動詞　53, 56, 107, 111, 170
降格　29, 31
構造文法　81
後方束縛現象　102-104, 167-170
個体的レベルの述語　51
5 文型　8, 38-39, 100
コントロール　16, 32

[さ行]

再帰代名詞　22, 30-32, 101, 120-121, 125, 167-170, 178-179, 192-194
作用域　200-202, 206
3 項枝分かれ構造　80

使役動詞　167, 170, 197
時制　31
事態の状況　181-191
事態の変化　181, 184-191
指定部　84, 88, 91, 93, 94, 96
指定部―主要部一致　88, 92-93
自動詞　2-3, 43-45, 58-59, 61-62, 66, 80
弱交差現象　121-122
終点　50
重名詞句転移　131-132, 206
主題　3-4, 16, 24, 29
主題役割　2-3, 15, 20-21, 29
述語連結理論　80
受動態　4, 20, 31, 43, 66, 68, 71-72, 83, 87, 103, 136-137, 139-140, 145, 147-148
受動文　16-19, 21, 26-27, 34
受動分詞　42, 67-68, 85
主要部　84, 91-92
照応詞　192-196
小節　174-211
状態動詞　9, 12, 28-29
状態変化動詞　53-54, 56
焦点　141-142, 146
情報構造　103, 140
叙述理論　80
所有関係　100, 102-103, 115-120
進行形　8-9, 12, 28
心理動詞　168, 170
遂行動詞　179, 188-189, 191
数量詞句　200-202, 206
数量詞遊離現象　93-94
ステージレベル述語　51

制御要素　16, 21-22, 24-27
先行詞　16, 22-23, 30-32, 178-179, 192-196
選択制限　43, 53, 55-56, 177, 185, 191-192, 206
前置詞句　38, 40-43, 46, 53-56, 61, 70, 72, 77, 79-80, 90-92, 96, 180-182, 184-187, 196, 204
相互代名詞　22, 90-91, 167, 169-170, 192-195
総称文　12-13, 32-33, 35
束縛現象　167-168, 192, 194, 196

[た行]

対格　88, 91-93, 175-177
第3文型　8, 38-40, 43, 107
代名詞　16
第4文型　100
多重 wh 疑問文　122, 135
他動詞　2, 5, 6, 16, 21, 24, 29, 39-40, 43-45, 48, 56-57, 60, 62-72, 80-88, 91, 95, 97
知覚構文　11-12
知覚動詞　179, 185, 187, 197
中間構文　3, 5-8, 12-15, 17-20, 22, 25-35, 68-70, 72, 87-88
中間動詞　5, 8-12, 28, 31, 35
直接目的語　100-103, 105-107, 112, 115-118, 120-123, 127-128, 132-133, 135, 137-139, 142, 144-148, 156
直接目的語制限　47, 92
テンプレート　39, 48-53, 56, 60-

62
等位構造　202, 206
動作主　2-3, 13, 14, 15-27, 30-31
動作主指向の副詞　19, 27-29, 36
動詞句　180-182, 185-189, 198
動詞句内主語仮説　84, 94, 124, 127
動詞の原形　180
投射　31

[な行]

認識動詞　180-181, 184, 186-187, 200
能格動詞　3-5, 8-9, 12, 15-16, 29, 35, 44
能格文　13-14, 16-20, 22, 26
能動受動動詞　4
能動態　4, 16, 20, 43, 68, 87, 137-138, 147
能動文　17

[は行]

非対格動詞　3, 44-45, 55, 58, 62
否定極性項目　123, 126
否定辞　123, 126
被動者　4, 6-7, 88
被動者主語構文　5
非能格動詞　2-3, 9, 39-40, 56, 58-72, 81-88, 91-92, 95, 97
不完全他動詞　39
不定詞節　16-18, 20-21, 26-30, 32

不定名詞句　139
分裂構文　130, 133, 146
変形規則　29
変形動詞　53, 56
法助動詞　11
補部　84

[ま行]

名詞句　39, 42-43, 70, 86, 91, 93, 180-185, 187-189, 195, 203
命令文　8-9, 12, 28
目的節　21-22, 28-29, 36

[や, ら, わ行]

優勢性の階層性　141, 143
用法基盤モデル　81
与格構文　103-104, 111, 114, 117-119, 128-129, 133-135, 142, 144-146
例外的な格標示　177
話題化構文　130, 133, 146

[英語]

by 句　16-18, 31
C 統御　101, 103, 124-128, 130, 164-168
for 与格構文　100, 102-103, 108, 110-111, 113, 161, 164
PRO　16-27, 29, 31-32, 35
pro　86, 97
to 与格構文　100, 102, 103, 106-

108, 113, 116–117, 161–163, 168
too-to 構文　130, 133, 146
tough 構文　130, 133, 146

wh 疑問文　130, 133, 135, 146, 196–197
wh 島　63, 65–66, 71–72, 81–83

大庭　幸男（おおば　ゆきお）

1949年福岡県生まれ。1976年九州大学大学院文学研究科修士課程修了。1998年市河賞受賞。1985-1986年MIT留学。大阪大学大学院文学研究科教授を経て，現在，大阪大学名誉教授ならびに関西外国語大学教授。文学（博士）（大阪大学）。

　主な著書：『英語構文研究——素性とその照合を中心に——』（英宝社，1998），『言語研究の潮流』（編著，開拓社，1999），『左方移動』（共著，研究社，2002）。
　主な論文："On Preposition Stranding in Noun Phrases," *English Linguistics* 1, 1984; "On γ-Assignment in LF," *English Linguistics* 4, 1987; "The Empty Category Principle and Multiple *Wh*-Questions," *English Linguistics* 6, 1989; "X′ Convention and Extended Minimality," *English Linguistics* 9, 1992; "On the Double Object Construction," *English Linguistics* 10, 1993; "Island Phenomena and Search Spaces of a Probe," *Linguistic Analysis* 30.1-2, 2004; "The Double Object Construction and the Extraction of the Indirect Object," *Linguistic Analysis* 32.1-2, 2005; "The Double Object Construction and Thematization/Extraction," *English Linguistics* 22.1, 2005.

英語構文を探求する　　　　　〈開拓社　言語・文化選書23〉

2011年3月20日　第1版第1刷発行
2023年8月10日　　　　　第3刷発行

著作者　　大庭幸男
発行者　　武村哲司
印刷所　　日之出印刷株式会社

　　　　　　　　　　　　　　　〒112-0013　東京都文京区音羽1-22-16
発行所　　株式会社　開拓社　　電話　（03）5395-7101（代表）
　　　　　　　　　　　　　　　振替　00160-8-39587
　　　　　　　　　　　　　　　http://www.kaitakusha.co.jp

Ⓒ 2011 Yukio Oba　　　　　　　　　　　ISBN978-4-7589-2523-5　C1382

JCOPY ＜出版者著作権管理機構　委託出版物＞
本書の無断複製は著作権法上での例外を除き禁じられています。複製される場合は，そのつど事前に，出版者著作権管理機構（電話03-5244-5088，FAX 03-5244-5089，e-mail: info@jcopy.or.jp）の許諾を得てください。